上海市中等职业学校
船舶机械装置安装与维修
专业教学标准

上海市教师教育学院（上海市教育委员会教学研究室）编

上海教育出版社
SHANGHAI EDUCATIONAL
PUBLISHING HOUSE

上海市教育委员会关于印发上海市中等职业学校
第六批专业教学标准的通知

各区教育局，各有关部、委、局、控股(集团)公司：

为深入贯彻党的二十大精神，认真落实《关于推动现代职业教育高质量发展的意见》等要求，进一步深化上海中等职业教育教师、教材、教法"三教"改革，培养适应上海城市发展需求的高素质技术技能人才，市教委组织力量研制《上海市中等职业学校数字媒体技术应用专业教学标准》等 12 个专业教学标准(以下简称《标准》，名单见附件)。

《标准》坚持以习近平新时代中国特色社会主义思想为指导，强化立德树人、德技并修，落实课程思政建设要求，将价值观引导贯穿于知识传授和能力培养过程，促进学生全面发展。《标准》坚持以产业需求为导向明确专业定位，以工作任务为线索确定课程设置，以职业能力为依据组织课程内容，及时将相关职业标准和"1＋X"职业技能等级证书标准融入相应课程，推进"岗课赛证"综合育人。

《标准》正式文本由上海市教师教育学院(上海市教育委员会教学研究室)另行印发，请各相关单位认真组织实施。各学校主管部门和相关教育科研机构要根据《标准》加强对学校专业教学工作指导。相关专业教学指导委员会、师资培训基地等要根据《标准》组织开展教师教研与培训。各相关学校要根据《标准》制定和完善专业人才培养方案，推动人才培养模式、教学模式和评价模式改革创新，加强实验实训室等基础能力建设。

附件：上海市中等职业学校第六批专业教学标准名单

上海市教育委员会

2023 年 6 月 17 日

附件

上海市中等职业学校第六批专业教学标准名单

序号	专业教学标准名称	牵头开发单位
1	数字媒体技术应用专业教学标准	上海信息技术学校
2	首饰设计与制作专业教学标准	上海信息技术学校
3	建筑智能化设备安装与运维专业教学标准	上海市西南工程学校
4	商务英语专业教学标准	上海市商业学校
5	幼儿保育专业教学标准	上海市群益职业技术学校
6	城市燃气智能输配与应用专业教学标准	上海交通职业技术学院
7	新型建筑材料生产技术专业教学标准	上海市材料工程学校
8	药品食品检验专业教学标准	上海市医药学校
9	印刷媒体技术专业教学标准	上海新闻出版职业技术学校
10	连锁经营与管理专业教学标准	上海市现代职业技术学校
11	船舶机械装置安装与维修专业教学标准	江南造船集团职业技术学校
12	船体修造技术专业教学标准	江南造船集团职业技术学校

CONTENTS

第二部分
上海市中等职业学校船舶机械装置安装与维修专业必修课程标准

第一部分 PART 1

上海市中等职业学校
船舶机械装置安装与维修专业教学标准

▎专业名称（专业代码）

船舶机械装置安装与维修（660502）

▎入学要求

初中毕业或相当于初中毕业文化程度

▎学习年限

三年

▎培养目标

本专业坚持立德树人、德技并修，学生德智体美劳全面发展，主要面向船舶行业、船舶配套企业、机械制造行业等企事业单位，培养具有良好的思想品德与职业素养、必备的文化与专业基础，能从事船舶主辅机、管路系统的安装、调试、修理和检验等基础工作，具有职业生涯发展基础的知识型、发展型高素质技术技能人才。

▎职业范围

职业领域	职业（岗位）	职业技能等级证书		
		名称	等级	颁证机构
船舶机装	船舶机械设备安装 船舶机械设备调试 船舶机械设备维修 船舶机械设备维护	船舶钳工	四级	中国船舶集团 有限公司

职业领域	职业（岗位）	职业技能等级证书		
		名称	等级	颁证机构
船舶管装	船舶管系制作 船舶管系安装 管路放样 管路系统施工 管路系统检修	船舶管系工	四级	中国船舶集团 有限公司

▎人才规格

1. 职业素养

- 具有正确的世界观、人生观、价值观,深厚的家国情怀,良好的思想品德,衷心拥护党的领导和我国社会主义制度。
- 具有坚定的职业理想,热爱船舶工业,遵纪守法,自觉遵守船舶行业相关职业道德和保密条例。
- 具有"节能先行,绿色引领"的先进造船理念。
- 具有船舶产业工人严谨细致、静心专注、认真执着、吃苦耐劳的职业态度。
- 具有严格执行工作程序、工作规范、工艺文件、安全操作规程的意识和行为习惯。
- 具有良好的语言沟通能力、团队合作意识和较强的人际交往能力。
- 具有进一步学习造船新知识、新技术的兴趣和能力。
- 具有安全意识,正确穿戴劳防用品,做到"四不伤害"。
- 具有坚韧不拔的心理素质,从容面对复杂的人际关系和艰苦的工作环境。

2. 职业能力

- 能按不同分类方法描述主要船舶类型的特点和用途。
- 能了解先进造船技术、智能制造技术等相关知识。
- 能遵守和贯彻机械制图的国家标准。
- 能绘制常用的标准件与常用件。
- 能辨认常见造船材料的牌号、性能和用途。
- 能描述造船材料热处理的方法及其作用。
- 能安装 AutoCAD 软件并了解其基本设置。
- 能绘制零件图和装配图,并打印输出图纸。
- 能初步分析、选用机械零件和简单机械机构。

- 能正确选择机械零件的相关国家标准。
- 能熟练使用常用电工仪器仪表和电工工具。
- 能进行各种导线连接和电路组装。

3. 船舶机装专业（技能）方向

- 能应用钳工基本操作技能完成零件加工。
- 能使用量具、量仪完成零件加工质量检测。
- 能完成典型机械组件的拆装和调整。
- 能正确使用工具仪器，进行船舶柴油机安装和调整。
- 能运用专业知识，对小型柴油机系统中油、水、气等运行状况进行简单的分析判断。
- 能正确使用工具仪器，进行船舶辅机安装和调整、船舶轴系对中调整。
- 能按船舶工艺标准和方法，对生产作业进行质量检测。

4. 船舶管装专业（技能）方向

- 能按规范要求完成管子单件制造。
- 能识读、绘制管系制造图和符号图。
- 能使用机械工具完成管子下料和校对。
- 能使用测量工具完成管子零件图。
- 能进行管子和支架安装。
- 能使用工具完成管子密性试验。

▌主要接续专业

高等职业教育专科：船舶动力工程技术（460502）、船舶舾装工程技术（460505）

高等职业教育本科：船舶动力工程技术（260502）、船舶智能制造工程（260501）

▌工作任务与职业能力分析

1. 工作任务与职业能力分析（船舶机装方向）

工作领域	工作任务	职　业　能　力
1. 图纸绘制	1-1　识图	1-1-1　能读懂图纸标题栏 1-1-2　能识读零件结构图 1-1-3　能识读尺寸公差、形位公差和粗糙度 1-1-4　能读懂热处理技术要求 1-1-5　能识读装配图

工作领域	工作任务	职 业 能 力	
1. 图纸绘制	1-2 手工绘图	1-2-1	能查阅船舶行业工艺标准
		1-2-2	能填写标题栏
		1-2-3	能绘制零件结构图
		1-2-4	能标注零件尺寸
		1-2-5	能标注零件表面粗糙度
		1-2-6	能标注零件尺寸公差和形位公差
		1-2-7	能写出热处理技术要求
	1-3 计算机绘图	1-3-1	能根据加工标准要求进行图纸设计
		1-3-2	能绘制零件工程图
		1-3-3	能绘制零件装配图
		1-3-4	能设置文件格式
		1-3-5	能设置打印参数
		1-3-6	能打印出图
2. 钳加工	2-1 划线	2-1-1	能使用涂色剂涂色
		2-1-2	能根据图纸选择划线基准
		2-1-3	能根据毛坯情况找正和借料
		2-1-4	能使用划线工具、量具、辅具平面划线
		2-1-5	能使用划线工具、量具、辅具立体划线
	2-2 錾削	2-2-1	能使用錾子加工平面、键槽、油槽
		2-2-2	能进行錾子刃磨
		2-2-3	能完成錾子的热处理
	2-3 锯割	2-3-1	能根据材料选择合适的锯条
		2-3-2	能按锯割的方式安装和调整锯条
		2-3-3	能维护保养工量刃具
		2-3-4	能锯割棒料、板料和管料
		2-3-5	能进行锯割质量检测
	2-4 锉削	2-4-1	能选用并安装锉刀
		2-4-2	能完成工件的装夹
		2-4-3	能使用锉刀进行工件锉削
		2-4-4	能进行锉削质量检测
		2-4-5	能维护保养工量刃具
		2-4-6	能使用锉刀加工平面、内外曲面
	2-5 孔加工	2-5-1	能操作和调整钻孔设备、辅具、夹具
		2-5-2	能选用并刃磨麻花钻
		2-5-3	能进行工件的钻孔、排孔、扩孔、锪孔
		2-5-4	能选用和安装铰刀
		2-5-5	能进行盲孔和通孔工件铰孔
		2-5-6	能进行孔加工质量检测

（续表）

工作领域	工作任务	职 业 能 力	
2. 钳加工	2-6 螺纹加工	2-6-1	能正确选用丝锥
		2-6-2	能使用丝锥加工通孔和盲孔螺纹
		2-6-3	能计算套螺纹前圆杆的直径
		2-6-4	能安装板牙和加工外螺纹
		2-6-5	能进行螺纹质量检测
	2-7 刮削研磨加工	2-7-1	能刃磨平面刮刀和曲面刮刀,并进行热处理
		2-7-2	能刮削平面和刮削曲面
		2-7-3	能使用研磨剂和研具进行研磨
	2-8 质量检测	2-8-1	能使用通用量具测量内外形尺寸
		2-8-2	能使用通用量具测量工件深度尺寸
		2-8-3	能使用通止规检测工件孔径合格性
		2-8-4	能使用万能角度尺测量工件角度尺寸
		2-8-5	能使用角尺、百分表测量工件垂直度和平面度
		2-8-6	能分析零件加工误差产生原因
3. 组件装配	3-1 连接组件装配	3-1-1	能使用工具完成螺纹连接
		3-1-2	能拆装键连接
		3-1-3	能修配键连接
		3-1-4	能铰配圆柱销、圆锥销
	3-2 轴承组件装配	3-2-1	能使用拆装工具拆装滚动轴承
		3-2-2	能测量和调整滚动轴承游隙
		3-2-3	能使用拆装工具拆装滑动轴承
		3-2-4	能测量和修刮调整滑动轴承间隙
	3-3 传动组件装配	3-3-1	能拆装齿轮组件
		3-3-2	能调整啮合齿轮轴向位置
		3-3-3	能检测齿轮组件的接触精度和啮合间隙
		3-3-4	能拆装和调整链轮
		3-3-5	能拆装和调整皮带轮
	3-4 导向组件装配	3-4-1	能使用水平仪测量导轨
		3-4-2	能调整两导轨的直线度、平行度
		3-4-3	能调整传动丝杆与两导轨间的平行度和对称度
4. 柴油机装配与维修	4-1 装配与维修	4-1-1	能使用拆装工具、辅具和检测量具、专用检具
		4-1-2	能使用测量工具检测柴油机主要部件
		4-1-3	能根据勘验情况和技术规范,维修、保养柴油机零部件
		4-1-4	能正确使用工具进行组件装配和间隙调整

工作领域	工作任务	职　业　能　力
4. 柴油机装配与维修	4-2　检查调整	4-2-1　能检测并调整气阀间隙、气阀定时
		4-2-2　能检查并调整喷油泵的喷油定时、喷油量
		4-2-3　能调节润滑系统的滑油压力、温度
		4-2-4　能调节冷却系统的冷却水压力、温度
	4-3　运行调试	4-3-1　能按柴油机试验技术大纲进行备车工作
		4-3-2　能根据柴油机的运行状况调整其性能参数
		4-3-3　能分析判断柴油机的常见故障及其原因
		4-3-4　能排除柴油机运行中的常见故障
5. 船舶辅机安装与维修	5-1　船用泵和空气压缩机检修与调试	5-1-1　能分析判断往复泵、回转泵、离心泵的常见故障并排除故障
		5-1-2　能装配和调试往复泵、回转泵、离心泵
		5-1-3　能勘验和修复活塞式空气压缩机的主要零部件
		5-1-4　能装配和调试活塞式空气压缩机
	5-2　甲板机械安装与调试	5-2-1　能定位安装液压锚机
		5-2-2　能安装液压起货机
		5-2-3　能安装液压舱口盖
		5-2-4　能安装液压舵机
	5-3　船舶辅助锅炉、油水净化装置、制冷与空调安装与调试	5-3-1　能定位安装船舶辅助锅炉
		5-3-2　能安装油水分离器
		5-3-3　能安装造水装置
		5-3-4　能安装空调和冷库制冷设备
6. 船舶轴系安装	6-1　理论中心线确定	6-1-1　能根据机舱设计图确定轴系首尾基准点
		6-1-2　能根据轴系首尾基准点，使用拉线工装确定轴系理论中心线
		6-1-3　能使用专用镗削装置镗孔
		6-1-4　能使用专用镗削装置加工孔端面
	6-2　轴系校中	6-2-1　能制作简易轴系校中工装
		6-2-2　能使用轴系校中常用工装
		6-2-3　能按规范测量方法对轴系进行校中
	6-3　安装与固定	6-3-1　能使用专用测量工具测量垫片厚度尺寸
		6-3-2　能使用风动砂轮、电动砂轮研磨垫片
		6-3-3　能使用钻孔工装完成现场钻孔
		6-3-4　能使用镗孔工装，镗削紧配螺栓孔

2. 工作任务与职业能力分析（船舶管装方向）

工作领域	工作任务	职　业　能　力
1. 图纸绘制	1-1　识图	1-1-1　能查阅管子制作工艺标准和操作规范 1-1-2　能读懂管系工艺符号 1-1-3　能读懂管子尺寸标注 1-1-4　能读懂管子制造图规格和标准 1-1-5　能读懂管子三视图 1-1-6　能识读管子制造图
	1-2　手工绘图	1-2-1　能查阅船舶行业工艺标准 1-2-2　能绘制管系放样基本符号 1-2-3　能标注放样符号尺寸 1-2-4　能绘制管子三视图 1-2-5　能标注管子三视图尺寸 1-2-6　能绘制管子制造图 1-2-7　能标注管子制造图尺寸
	1-3　计算机绘图	1-3-1　能根据加工标准要求进行图纸设计 1-3-2　能绘制管系零件图 1-3-3　能绘制管系安装图 1-3-4　能设置文件格式 1-3-5　能设置打印参数 1-3-6　能打印出图
2. 管子制作	2-1　选用	2-1-1　能根据管子制造图,统计数量和规格 2-1-2　能根据管子制造托盘统计表,选用管子和附件
	2-2　下料	2-2-1　能使用划线工具进行管子下料划线和标注 2-2-2　能使用机械设备进行管子下料 2-2-3　能根据管子制造图,对下料管段进行校对和清理
	2-3　弯制	2-3-1　能手工拼接管 2-3-2　能手工弯管 2-3-3　能手动机械弯管 2-3-4　能使用数控弯管机弯管 2-3-5　能虾壳弯拼接
	2-4　校正	2-4-1　能根据管子制造图,选用校管工具和机械 2-4-2　能按管子校管工艺和标准,对管子进行校管
	2-5　焊接	2-5-1　能根据定位焊的工艺和标准,对管子进行焊接 2-5-2　能根据定位焊的工艺和标准,对附件进行焊接 2-5-3　能根据定位焊的工艺和标准,对支架进行焊接

（续表）

工作领域	工作任务	职　业　能　力
3. 管子检验	3-1　强度试验	3-1-1　能根据管子强度试验标准和要求,对管件进行密性连接 3-1-2　能拆卸管段
	3-2　表面处理	3-2-1　能根据工艺和标准,对管子表面进行处理 3-2-2　能使用工具和设备,检验管子表面处理情况
	3-3　交付	3-3-1　能根据管子制造图,制作管件铭牌 3-3-2　能包装管件铭牌 3-3-3　能根据管子交付表,对管子进行分类分装
4. 安装准备	4-1　识图	4-1-1　能查阅管子安装工艺标准和操作规范 4-1-2　能读懂工艺符号 4-1-3　能读懂标注 4-1-4　能根据管系安装图,对安装区域和形式进行确认
	4-2　备料	4-2-1　能根据管子安装图,对密封材料进行备料 4-2-2　能根据管子安装图,对管子附件进行备料
5. 放样与安装	5-1　现场测量	5-1-1　能查阅现场测量工艺和标准 5-1-2　能使用测量工具,对管子的三维坐标进行测量
	5-2　绘制与制作	5-2-1　能根据现场环境特点,设计管路走向 5-2-2　能根据三维坐标信息,绘制管子零件图 5-2-3　能制作管子
	5-3　安装	5-3-1　能安装管子支架 5-3-2　能安装管路
6. 调试与交付	6-1　密性试验	6-1-1　能查阅管系密性试验工艺和标准 6-1-2　能根据工艺和标准,对管系进行完整性检查 6-1-3　能根据密性要求,对密性介质和压力进行选择 6-1-4　能使用工具、设备试验和检验管子密性
	6-2　冲洗	6-2-1　能查阅管路冲洗的相关工艺和标准 6-2-2　能选用冲洗设备、附件和材料 6-2-3　能确认管路冲洗质量 6-2-4　能复位冲洗后的管路
	6-3　系泊试验与交付	6-3-1　能查阅管路系统系泊试验标准 6-3-2　能根据试验流程,对管系进行系泊试验 6-3-3　能根据试验标准,对管系进行航行试验

课程结构

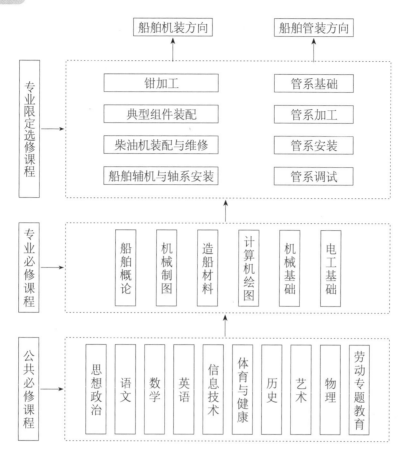

专业必修课程

1. 船舶机械装置安装与维修专业必修课程

序号	课程名称	主要教学内容与要求	技能考核项目与要求	参考学时
1	船舶概论	**主要教学内容：** 船舶分类和船型认识；船舶吨位、浮性、操纵性、尺度相关知识；船体强度的概念；船体结构的形式；主船体结构、上层建筑等结构的特点；船体建造工艺和流程相关知识；甲板机械设备的组成、作用和种类；船舶主辅机的构成和作用	**考核项目：** 通过船舶图片和模型识别不同类型的船舶及其特征；通过图片识别和区分不同船型的结构特点；通过图片分析各种船舶基本设备的结构形式和布置情况；描述船舶建造工艺流程	36

序号	课程名称	主要教学内容与要求	技能考核项目与要求	参考学时
1	船舶概论	**主要教学要求：** 通过学习与训练，学生能对船舶进行分类；能识别不同类型的军用舰船；能区分民用船舶的用途与特点；能识别船舶主尺度；能分析船型系数对船舶性能的影响；能简单计算船舶航行性能；能识别散货船、油轮等货船的船体结构与上层建筑布局；能分析船舶动力装置的工作原理和结构组成；能识别船舶设备、系统与航海仪器的类型和组成；能归纳船舶建造工艺流程	**考核要求：** 能达到中国船舶集团有限公司职业技能等级鉴定——船舶钳工、船舶管系工（四级）考核的相关要求	
2	机械制图	**主要教学内容：** 机械制图和国家制图标准的基础理论知识；投影法的基础理论知识和基本技能；图样的基本表示方法和基本技能；图样中的技术要求 **主要教学要求：** 通过学习与训练，学生能正确识读机械零件图和装配图；能查阅机械设计手册和相关的国家标准；能正确绘制三视图、轴测图、全剖视图、半剖视图、局部剖视图	**考核项目：** 机械制图标准理论知识的解读；三视图、轴测图、全剖视图、半剖视图、局部剖视图的绘制 **考核要求：** 能达到中国船舶集团有限公司职业技能等级鉴定——船舶钳工、船舶管系工（四级）考核的相关要求	36
3	造船材料	**主要教学内容：** 金属学的基础理论知识；常用金属材料的牌号、性能及用途；热处理的一般原理及其工艺；热处理工艺在焊接生产中的应用 **主要教学要求：** 通过学习与训练，学生能比较分析不同类型金属材料的基本性能；能区分碳素钢、铸钢件、合金钢和有色金属的类型、牌号及用途；能分析碳素钢成分、组织和性能及其常用热处理方法	**考核项目：** 金属学的基础理论知识；常用金属材料的牌号、性能及用途；热处理的一般原理及其工艺；热处理工艺在焊接生产中的应用 **考核要求：** 能达到中国船舶集团有限公司职业技能等级鉴定——船舶钳工、船舶管系工（四级）考核的相关要求	36
4	计算机绘图	**主要教学内容：** 平面图形绘制和编辑、文字表格操作与尺寸标注、零件图绘制、装配图绘制、图纸输出布局与打印等相关基础知识和基本技能 **主要教学要求：** 通过学习与训练，学生能使用 AutoCAD 软件绘制零件图、装配图；能进行图纸输出布局与打印	**考核项目：** 零件图、装配图的绘制 **考核要求：** 能达到中国船舶集团有限公司职业技能等级鉴定——船舶钳工、船舶管系工（四级）考核的相关要求	36

（续表）

序号	课程名称	主要教学内容与要求	技能考核项目与要求	参考学时
5	机械基础	**主要教学内容：** 常用平面构件的静力分析、常用机械机构认知、机械传动认知、支承零部件认知、连接零部件认知等相关基础知识和基本技能 **主要教学要求：** 通过学习与训练，学生能具备机械基础的相关理论知识，掌握与机械基础相关的基本技能；能正确进行平面构件的静力分析，选用机械零部件和简单机械机构，选用金属材料和热处理方法；能查阅手册、图册等相关技术资料；能操作机械相关设备	**考核项目：** 按照课程标准要求完成平面构件的静力分析、常用机械机构认知、机械传动认知、支承零部件认知、连接零部件认知 **考核要求：** 能达到中国船舶集团有限公司职业技能等级鉴定——船舶钳工、船舶管系工（四级）考核的相关要求	72
6	电工基础	**主要教学内容：** 安全用电操作与急救、常用电工仪器仪表与电工工具使用、常用电工元器件识别与测试、各种导线连接操作、直流电路装接、正弦交流电路装接等相关基础知识和基本技能 **主要教学要求：** 通过学习与训练，学生能进行安全用电操作与急救；能使用常用电工仪器仪表与电工工具；能进行常用电工元器件识别与测试；能进行各种导线连接操作；能进行直流电路和正弦交流电路装接；能测量电气设备工作状态值	**考核项目：** 万用表、电压表、电流表、电桥、信号发生器、双踪示波器等的使用；各种导线连接与电路装接；欧姆定律、基尔霍夫定律、叠加定律验证；日光灯电路测量；电气设备工作状态值测量 **考核要求：** 能达到中国船舶集团有限公司职业技能等级鉴定——船舶钳工、船舶管系工（四级）考核的相关要求	36

2. 船舶机装方向限定选修课程

序号	课程名称	主要教学内容与要求	技能考核项目与要求	参考学时
1	钳加工	**主要教学内容：** 操作安全规范和加工准备，零件划线、锯割、锉削、钻削、攻丝与铰孔的方法，零件检测方法等相关基础知识和基本技能 **主要教学要求：** 通过学习与训练，学生能具备钳工基础理论知识，掌握钳工基本技能，识读零件图；能使用工具和设备实施划线、锯割、锉削、孔加工、攻丝与铰孔；能进行零件加工质量检测等	**考核项目：** 按照课程标准要求完成零件加工工艺流程描述；加工准备；零件划线；工件锯割；工件锉削；钻削加工；攻丝与铰孔；零件加工和质量检测 **考核要求：** 能达到中国船舶集团有限公司职业技能等级鉴定——船舶钳工（四级）考核的相关要求	180

(续表)

序号	课程名称	主要教学内容与要求	技能考核项目与要求	参考学时
2	典型组件装配	**主要教学内容：** 装配三要素和基本要求；装配工艺过程；螺纹连接工艺；键连接拆装和修配方法；圆柱销、圆锥销铰配方法；齿轮和链轮组件拆装方法；导轨调整方法；调整和精度检验 **主要教学要求：** 通过学习与训练，学生能识读典型组件装配图纸；能选用装配夹具和制定工艺过程；能连接和紧固螺纹连接；能装配轴承组件；能装配传动件组件；能装配导向组件；能使用检测工具对组件进行精度检验	**考核项目：** 按照课程标准要求完成典型组件装配准备操作、典型组件调整、典型组件检测 **考核要求：** 能达到中国船舶集团有限公司职业技能等级鉴定——船舶钳工（四级）考核的相关要求	180
3	柴油机装配与维修	**主要教学内容：** 柴油机基础理论知识和四、二冲程柴油机工作原理；柴油机主要性能指标；主要机件识别和测量；配气系统和燃油系统分解；冷却和润滑系统分解；柴油机组装和装配；柴油机系统调整；柴油机备车、试机和故障分析 **主要教学要求：** 通过学习与训练，学生能认知柴油机组成及其工作原理；能识读工作指标和性能参数；能使用专用量具识别和测量主要机件；能装配与维修主要部件；能检查调整工作系统；能调试柴油机运行和进行故障分析	**考核项目：** 柴油机工作原理、主要零部件的构造及其作用描述；主要部件装配和维修技能；柴油机备车、试机和故障分析技能 **考核要求：** 能达到中国船舶集团有限公司职业技能等级鉴定——船舶钳工（四级）考核的相关要求	180
4	船舶辅机与轴系安装	**主要教学内容：** 船用泵拆装维修调试；船用分油机拆装和运行操作；船舶造水装置；空气压缩机拆装、维修与调试；船舶辅助锅炉；船舶制冷；锚机与系缆设备；船舶起货机与舱口盖；船舶舵机拆装与调试；船舶轴舵系拉线；船舶轴舵系校中；船舶轴系镗孔；辅机设备、轴系安装垫片的测量与拂磨 **主要教学要求：** 通过学习与训练，学生能系统了解船舶辅机的工作原理、基本结构、性能特点；能根据工艺要求对船用泵、空气压缩机、船舶舵机、船用分油机等船舶机械进行拆装、维修与调试操作；具备船舶轴舵系拉线、校中、镗孔和安装垫片的测量与拂磨操作技能	**考核项目：** 船舶辅机的工作原理、基本结构描述；船用泵、空气压缩机、船舶舵机、船用分油机等拆装、维修与调试操作技能；船舶轴舵系拉线、校中、镗孔和安装垫片的测量与拂磨技能 **考核要求：** 能达到中国船舶集团有限公司职业技能等级鉴定——船舶钳工（四级）考核的相关要求	180

3. 船舶管装方向限定选修课程

序号	课程名称	主要教学内容与要求	技能考核项目与要求	参考学时
1	管系基础	**主要教学内容：** 船舶管系放样符号；放样原理；管系尺寸标注；弯管参数；弯管节点；管系综合布置图；船舶管系系统的动力管组成、辅助管系组成；船舶管系的生产过程；船舶管系的材料规格分类；管系制作和安装图纸；船舶管路常用阀门；船舶管路常用法兰；船舶管路连接附件；压力表的选用与安装；检查和测量船舶管路附件 **主要教学要求：** 通过学习与训练，学生能识读船舶管系放样符号；能标注管系零件图；能计算节点和弯管参数；能绘制管系综合布置图；能认知船舶管系系统的基础知识及其分类；能识读和绘制船舶管系制作图；能查阅管系安装工艺文件；能按图选用管子及附件；能识读管系安装图纸	**考核项目：** 等径正三通管放样与制作；管系单双线图绘制；船舶管系系统及其组成描述；管系安装工艺文件解读；船舶管系安装图纸绘制技能 **考核要求：** 能达到中国船舶集团有限公司职业技能等级鉴定——船舶管系工（四级）考核的相关要求	180
2	管系加工	**主要教学内容：** 备料和下料；氧乙炔气割操作；管子弯曲加工工艺和设备；弯管机操作；校管；焊接材料和工具；CO_2气体保护焊工艺；氩弧焊工艺；打磨工具及其用途；打磨操作步骤；打磨质量检测 **主要教学要求：** 通过学习与训练，学生能认知船舶管子加工工艺；能备料和下料船舶管子；能使用弯管机进行管子弯曲加工；能掌握校管操作方法；能掌握船舶管子焊接工艺；能掌握焊接和打磨操作方法	**考核项目：** 氧乙炔气割操作技能；弯管参数计算技能；校管技能；船舶管子焊接和打磨技能 **考核要求：** 能达到中国船舶集团有限公司职业技能等级鉴定——船舶管系工（四级）考核的相关要求	180
3	管系安装	**主要教学内容：** 船舶管路安装方法；分段预装；船舶管系基准面；合拢管安装图；船舶制冷系统；管系零件图；管系分段预装图；管路系统轴测图 **主要教学要求：** 通过学习与训练，学生能认知船舶管路安装方法；能识读合拢管安装图；能识读管系零件图；能识读管系分段预装图；能绘制管路系统轴测图	**考核项目：** 管系安装技能 **考核要求：** 能达到中国船舶集团有限公司职业技能等级鉴定——船舶管系工（四级）考核的相关要求	180

（续表）

序号	课程名称	主要教学内容与要求	技能考核项目与要求	参考学时
4	管系调试	**主要教学内容：** 船舶管路压力试验国家标准；管路强度试验；管子表面处理及检验；管件铭牌制作与包装；管系密性试验工艺；管路冲洗工艺和标准；管路系统系泊试验流程和验收标准 **主要教学要求：** 通过学习与训练，学生能查阅船舶管路压力试验国家标准；能进行管路强度试验操作；能使用设备和工具进行化学清洗与表面处理；能进行管件铭牌制作及包装；能对管子进行分类分装；能掌握管系密性试验流程；能根据管路系统系泊试验规范进行调试和交付	**考核项目：** 管路强度试验技能；管子表面处理及检验技能；管件铭牌制作与包装技能；管路系统系泊试验技能；管系密性试验技能 **考核要求：** 能达到中国船舶集团有限公司职业技能等级鉴定——船舶管系工（四级）考核的相关要求	180

指导性教学安排

1. 指导性教学安排

课程分类	课程名称		总学时	总学分	各学期周数、学时分配					
					1	2	3	4	5	6
					18周	18周	18周	18周	18周	20周
公共必修课程	思想政治	中国特色社会主义	36	2	2					
		心理健康与职业生涯	36	2		2				
		职业道德与法治	36	2				2		
		哲学与人生	36	2			2			
	语文		216	12	3	3	3	3		
	数学		216	12	3	3	3	3		
	英语		216	12	2	2	4	4		
	信息技术		108	6	2	2	2			
	体育与健康		180	10	2	2	2	2	2	
	历史		72	4					4	
	艺术		36	2					2	
	物理		72	4					4	
	劳动专题教育		18	1					1	

（续表）

课程分类		课程名称	总学时	总学分	各学期周数、学时分配					
					1	2	3	4	5	6
					18周	18周	18周	18周	18周	20周
专业必修课程		船舶概论	36	2				2		
		机械制图	36	2	2					
		造船材料	36	2	2					
		计算机绘图	36	2		2				
		机械基础	72	4		2	2			
		电工基础	36	2				2		
专业限定选修课程	船舶机装方向	钳加工	180	10	10					
		典型组件装配	180	10		10				
		柴油机装配与维修	180	10			10			
		船舶辅机与轴系安装	180	10				10		
	船舶管装方向	管系基础	180	10	10					
		管系加工	180	10		10				
		管系安装	180	10			10			
		管系调试	180	10				10		
任意选修课程		其他课程	270	15	由各校自主安排					
岗位实习			600	30						30
合计			3120	170	28	28	28	28	28	30

2. 关于指导性教学安排的说明

（1）本教学安排是三年制指导性教学安排。每学年为52周，其中教学时间40周（每学期有效教学时间18周），周有效学时数为28—30学时，岗位实习一般按每周30小时（1小时折合1学时）安排，三年总学时数约为3000—3300学时。

（2）实行学分制的学校一般按16—18学时为1学分进行换算，三年制总学分不得少于170。军训、社会实践、入学教育、毕业教育等活动以1周为1学分，共5学分。

（3）公共必修课程的学时数一般占总学时数的三分之一，不低于1000学时。公共必修课程中的思想政治、语文、数学、英语、信息技术、体育与健康、历史和艺术等课程，严格按照教育部和上海市教育委员会颁布的相关学科课程标准实施教学。除了教育部和上海市教委规定的必修课程之外,各校可根据学生专业学习需要,开设其他公共基础选修课程或选修模块。

（4）专业课程的学时数一般占总学时数的三分之二,其中岗位实习原则上安排一学期。要认真落实教育部等八部门印发的《职业学校学生实习管理规定》,在确保学生实习总量的前提下,学校可根据实际需要集中或分阶段安排实习时间。

（5）选修课程占总学时数的比例不少于10%,由各校根据专业培养目标,自主开设专业特色课程。

（6）学校可根据需要对课时比例作适当的调整。实行弹性学制的学校(专业)可根据实际情况安排教学活动的时间。

（7）学校以实习实训课为主要载体开展劳动教育,其中劳动精神、劳模精神、工匠精神专题教育不少于16学时。

专业教师任职资格

- 具有中等职业学校教师资格及以上教师资格证书。
- 具有本专业高级工及以上职业资格证书或相应技术职称。

实训（实验）装备

1. 钳工实训室

功能:适用于造船材料、船舶零件加工实操训练及相关项目教学和岗位培训。

主要设备装备标准(按一个标准班40人配置):

序号	设备名称	用途	单位	基本配置	应用范围（职业技能训练项目）
1	钳工工作台	零件加工	台	40	
2	台式钻床	孔加工	台	10	
3	立钻	孔加工	台	8	
4	锯床	备料	台	1	钳工实训中的划线、锯割、锉削、錾削、研磨、刮削、孔加工等项目
5	砂轮机	刀具刃磨	台	10	
6	虎钳	工件装夹	个	40	
7	刃具(锉刀、丝锥等)	钳工加工	把	若干	
8	辅助工具	零件加工	套	若干	
9	量具	零件检测	套	若干	

2. 机械装配技术实训室

功能:适用于典型机械装置的安装与调试等课程的实训。

主要设备装备标准(按一个标准班40人配置):

序号	设备名称	用途	单位	基本配置	应用范围 (职业技能训练项目)
1	THMDZT-1	典型组件装配调试	台	20	机械制图中常用零件的测绘;典型机械传动组件拆装、连接件装配、轴承组件装配、传动组件装配、导向组件装配等
2	减速器	轴承组件装配调试	套	20	
3	二维工作台	导向组件装配调试	套	20	
4	常用机械机构	零件测绘传动认知	套	20	
5	常用机械传动装置	安装与调试	套	20	
6	台虎钳	装夹装配	个	20	
7	辅助工具	设备拆装	套	若干	
8	量具	精度检测	套	若干	

3. 船舶机装实训室

功能:适用于船舶柴油机、船舶辅机与轴系、船舶动力装置的安装与调试等课程的实训。

主要设备装备标准(按一个标准班40人配置):

序号	设备名称	用途	单位	基本配置	应用范围 (职业技能训练项目)
1	6135柴油发电机	船舶柴油机的装配与维修	台	2	船舶柴油机认知、船舶柴油机主要零部件分解、船舶柴油机主要零部件检查和维修、船用泵和空气压缩机检修与调试、甲板机械安装与调试、油水净化装置安装与调试、船舶轴系安装与校中等
2	4135柴油机	柴油机检查调整	个	2	
3	6缸汽油机	发动机的运行调试	个	4	
4	液压舵机	液压舵机的安装与固定	把	2	
5	船用分油机	水净化装置	套	1	
6	空气压缩机	空气压缩机检修与调试	套	2	
7	船用泵	船用泵检修与调试	台	6	
8	船用阀	船用阀检修与调试	件	60	
9	船用投油泵站	油水净化装置安装	台	1	

(续表)

序号	设备名称	用途	单位	基本配置	应用范围 (职业技能训练项目)
10	高压冲水站	油水净化装置安装	台	1	
11	模拟实训轴系	轴系的校中	套	4	
12	模拟轴舵系拉线装置	理论中心线确定	套	4	
13	模拟安装垫片 测量与拂磨装置	轴系的安装与固定	套	40	
14	液压实验装置	液压认知	套	20	
15	制冷实验装置	制冷与空调安装与调试	套	6	

4. 计算机辅助设计实训室

说明:适用于计算机绘图、机械基础、管系基础相关项目教学和岗位培训。

主要设备装备标准(按一个标准班40人配置):

序号	设备名称	用途	单位	基本配置	应用范围 (职业技能训练项目)
1	计算机	操作系统和软件平台	台	40	AutoCAD软件安装与设置、计算机图形绘制、文字与尺寸标注、图块与外部参照的使用、三维管系制作图识读、三维管系安装图识读、综合绘图训练等
2	AutoCAD软件	绘图	点	40	
3	CATIA软件	三维看图	点	40	
4	船舶设计软件	管系设计	点	40	

注:(1)实训(实验)室的划分和装备标准应涵盖所有专业核心课程和专业(技能)方向课程的实训(实验)需要;(2)实训(实验)室应有足够的工位数满足学生的动手要求;(3)实训(实验)室设计应贴近企业实际,创建企业工作情境,有利于理实一体化教学。

5. 管系实训室

功能:适用于造船材料、船舶管系零件加工实操训练及相关项目教学和岗位培训。

主要设备装备标准(按一个标准班40人配置):

序号	设备名称	用途	单位	基本配置	应用范围 (职业技能训练项目)
1	管系气割平台	管子气割	台	20	
2	气割割炬	管子气割	把	20	
3	管系校管平台	管子校对	台	10	
4	钻床	管子孔加工	台	1	
5	卧式锯床	管子锯割	台	2	
6	角磨机	管子清理	把	10	1. 管子加工:涉及管子切割、校对、钻孔、锯割、端面倒角、法兰安装、焊接、拼接、相关线切割等项目
7	直磨机	管子清理	把	10	
8	弯管机	管子弯曲	台	5	
9	手工弧焊机	管子焊接	台	10	2. 管系安装:涉及管子放样、设计管路、管子弯制、法兰连接、管子拆装等项目
10	氩弧焊机	管子焊接	台	10	
11	相贯线切割机	管子切割	台	1	
12	辅助工具	管子加工	套	若干	
13	量具	管子检测	套	若干	
14	管系放样平台	放样安装	台	8	
15	船用阀	安装与调试	只	10	
16	管路拆装辅助工具	设备拆装	套	40	

6. 管系调试技术实训室

功能:适用于典型机械装置的安装与调试等课程的实训。

主要设备装备标准(按一个标准班40人配置):

序号	设备名称	用途	单位	基本配置	应用范围 (职业技能训练项目)
1	密性增压泵	管路测验	台	2	
2	压力表	管路测验	台	8	
3	密性连接垫片	管路测验	只	若干	管路密性实验、管子检测、管路安装与调试、管路系统认知
4	仿真漫游管路系统	系统了解	套	1	
5	模拟管路系统	系统调试	套	1	
6	辅助工具	设备拆装	套	若干	
7	量具	精度检测	套	若干	

第二部分

上海市中等职业学校船舶机械装置安装与维修专业必修课程标准

船舶概论课程标准

▌ 课程名称

船舶概论

▌ 适用专业

中等职业学校船舶机械装置安装与维修专业

一、课程性质

船舶概论是中等职业学校船舶机械装置安装与维修专业的一门专业核心课程,也是一门专业必修课程。其功能是使学生掌握船舶的基础理论知识和基本技能。本课程是专业引导和入门课程,为学生专业学习奠定基础,是学生后续学习其他专业课程的基础。

二、设计思路

本课程遵循理论联系实际、学以致用的原则,根据船舶机械装置安装与维修专业的工作任务与职业能力分析结果,以现代造船所需船舶建造相关基础知识为依据而设置。

课程内容紧紧围绕船舶机械装置安装与维修所需的职业能力培养的需要,选取了船舶类型、船体结构、航行性能、动力装置、船舶设备与系统、现代造船模式和船体建造工艺等内容,遵循适度够用的原则,确定相关理论知识、专业技能与要求,并融入船舶钳工和船舶管系工职业技能等级证书的相关考核要求。

课程内容组织遵循学生认知规律,以船舶类型、船体结构、船舶设备和船体建造工艺为主线,设计了海洋与船舶认知、军用舰船识别、民用船舶识别、船舶几何形状与航行性能认知、船舶建筑与结构认知、船舶动力装置认知、船舶设备系统与航海仪器认知、现代造船工艺认知八个学习任务,以任务为引领,整合相关知识、技能与职业素养。

本课程建议学时数为 36 学时。

三、 课程目标

通过本课程的学习,学生能掌握船舶种类、主要尺度和性能、船舶结构、船舶设备的基础知识,掌握船舶建造工艺和流程,了解船舶建造专业术语和名称,为学好本专业的其他相关课程打下基础,达到船舶钳工和船舶管系工职业技能等级证书的相关考核要求,具体达成以下职业素养和职业能力目标。

(一) 职业素养目标

- 严格遵守船舶行业规章制度,养成良好的道德品质。

- 热爱船舶工业,坚定职业理想,爱岗敬业。

- 具有良好的集体意识和团队合作意识,积极参与团队学习与实践,主动协助同伴完成任务。

- 具有整合知识和综合运用知识分析问题与解决问题的能力。

- 具有学习船舶建造新知识、新技术、新工艺的兴趣和能力,具有创新和环保意识。

(二) 职业能力目标

- 能对船舶进行分类。

- 能区分不同类型船舶的用途与特点。

- 能分析船型系数对船舶性能的影响。

- 能识别散货船、油轮等货船的船体结构与上层建筑布局。

- 能分析船舶动力装置的工作原理和结构组成。

- 能识别船舶设备、动力装置、系统和航海仪器的类型与组成。

- 能分析壳舾涂一体化区域造船的特点。

四、课程内容与要求

学习任务	技能与学习要求	知识与学习要求	参考学时
1. 海洋与船舶认知	1. 识别船舶类型 ● 能根据船舶用途对船舶进行分类 ● 能根据图片识别各类船舶	1. 海洋的作用与意义 ● 说出海洋的分布及海洋对我国的意义 ● 描述海洋对船舶运输的重要性 ● 描述我国航海与造船的发展史 2. 船舶分类方法 ● 归纳常见的船舶分类方法 ● 描述各类船舶的用途、特点、性能及装备	6
2. 军用舰船识别	1. 识别军用舰船 ● 能根据外观及武备识别军用舰船的类型	1. 军用舰船的类型及作用 ● 描述海军的战略地位 ● 描述作战舰艇和辅助舰船的种类 ● 描述现代海军主要作战舰艇的使命任务、性能特征及其主要的设备和武器	4
3. 民用船舶识别	1. 识别民用船舶 ● 能区分民用船舶的用途与特点	1. 民用船舶的类型及用途 ● 描述各类运输船舶的分类方法和用途特点 ● 列举特殊性能船艇的分类方法和用途特点	4
4. 船舶几何形状与航行性能认知	1. 识读船舶形状和航行性能指标 ● 能根据船舶主要尺度及其符号识别船舶形状 ● 能绘制船体型线图草图，并标出主要尺度	1. 船舶主要尺度 ● 描述各船舶主要尺度及其含义 ● 描述各船型系数及其含义 ● 描述主要尺度比对船舶性能的影响 2. 船体型线图 ● 描述三个基本投影面及其在船体图中的作用 ● 描述型值的表示方法及型值表的作用 3. 船舶航行性能指标 ● 列举各种船舶航行性能指标 ● 描述各种船舶航行性能指标对船舶性能的影响	4
5. 船舶建筑与结构认知	1. 识读船舶建筑 ● 能根据总布置图识读船舶建筑及舱室配置 ● 能根据舱室布置图解释内部空间的分割原则	1. 船舶建筑及舱室 ● 描述船舶建筑的组成形式 ● 描述船舶舱室的配置 2. 船体结构 ● 描述船体主要构件名称和材料	4

（续表）

学习任务	技能与学习要求	知识与学习要求	参考学时
5. 船舶建筑与结构认知	2. 识别船舶结构 ● 能根据船体分段图识读船体主要构件名称和材料 ● 能根据图纸分析船体受力 ● 能识别船体各部分的结构 ● 能根据总布置图分析总纵强度、横向强度和局部强度对船舶性能的影响	● 描述板架结构的特点和作用 3. 船体强度 ● 描述总纵强度、横向强度和局部强度定义及受力情况 4. 主船体结构 ● 描述各种外板名称和符号 ● 描述船底、舷侧、甲板结构形式和作用 ● 描述水密舱壁结构形式和作用 5. 上层建筑结构 ● 描述上层建筑受力情况 ● 描述上层建筑形式与结构特点	
6. 船舶动力装置认知	1. 识别船舶动力装置 ● 能根据总布置图分析船舶动力装置的含义和组成 ● 能根据外形识别船舶动力装置的类型	1. 船舶动力装置 ● 描述船舶动力装置的含义和组成 ● 描述船舶动力装置的类型 ● 描述船舶柴油机二冲程和四冲程的优缺点 ● 描述船舶轴系的功用和组成	4
7. 船舶设备系统与航海仪器认知	1. 识别船舶设备 ● 能根据功能识别甲板机械设备种类 ● 能根据功能识别航海仪器设备种类	1. 甲板机械设备 ● 描述甲板机械设备的功用和组成 ● 描述锚泊及系泊设备的功用 ● 识别装卸设备、救生设备 2. 航海仪器设备 ● 描述航海仪器的作用和种类 ● 列举航海仪器设备种类	4
8. 现代造船工艺认知	1. 认知一体化区域造船 ● 能通过造船企业参观分析壳舾涂一体化区域造船特点	1. 一体化造船模式的含义 ● 描述现代船舶造船工程的特点和建造方法的演变过程 ● 描述一体化区域造船的概念和特点 2. 造船设计模式 ● 描述现代船舶的设计模式 ● 描述船舶设计模式的发展过程 ● 描述船舶生产设计的作用和内容	6
合计			36

五、 实施建议

(一) 教材编写与选用建议

1. 应依据本课程标准编写教材或选用教材,从国家和市级教育行政部门发布的教材目录中选用教材,优先选用国家和市级规划教材。

2. 教材应充分体现育人功能,紧密结合教材内容、素材,有机融入课程思政要求,使课程思政内容与专业知识、技能有机统一。

3. 树立以学生为中心的教材观,在设计教材结构和组织教材内容时应遵循中职学生认知特点与学习规律。

4. 教材表达必须精炼、准确、科学,以实用为主,体现船舶概论课程的基础性和工具性。

5. 教材以学习任务为主线,融入船舶机械装置安装与维修相关工作岗位对职业能力和职业素养的要求,吸收职业技能竞赛对职业能力的要求并结合职业技能认定的要求,把握本课程的知识点和技能点,按照够用、实用、兼顾发展的原则,循序渐进地组织教材内容。

6. 教材在整体设计和内容选取时要注重引入船舶行业发展的新技术、新工艺、新方法、新设备,对接相应的船舶工人职业标准和岗位要求,增加创新内容,激发学生的学习兴趣,并吸收先进产业文化和优秀企业文化,创设或引入职业情境,增强教材的职场感。

7. 增强教材对学生的吸引力,编写时应图文并茂,提高学生的学习兴趣,加深学生对船舶概论课程的认知。贴近学生生活,贴近职场,采用图片、图表、视频等去呈现内容,让学生在使用教材时有亲切感、真实感。

(二) 教学实施建议

1. 切实推进课程思政建设,深入挖掘课程思政元素,将船舶发展史与专业知识相融合,寓价值观引导于知识传授和能力培养之中,帮助学生塑造正确的世界观、人生观、价值观。

2. 在教学过程中,关注行业发展现状,即时引入新船型,以企业典型产品为任务载体,立足学生知识能力的培养,激发学生的学习兴趣,引导学生掌握船舶类型、船体结构、船舶设备和船体建造工艺等基础知识,为后续专业课程的学习做铺垫。

3. 坚持以学生为中心的教学理念,充分尊重学生,遵循学生认知特点和学习规律,以学生为中心设计和组织教学活动。教师应努力成为学生学习的组织者、指导者和陪伴者,积极探索探究式学习、问题导向式学习等多种学习方式,启发学生自主学习,合作探究。

4. 在教学过程中,要及时关注船舶建造相关领域标准、技术、工艺和方法的发展趋势,为学生提供职业生涯发展的空间,努力培养学生的职业能力和创新精神。

(三) 教学评价建议

1. 采用多元化的评价方法,结合课堂提问、学生作业、平时测验、专业知识应用、职业素养以及学生完成工作任务的质量等综合评定学生成绩。

2. 注重对学生分析问题和解决问题能力的考核,对在学习和应用方面有所创新的学生给予特别鼓励,综合评价学生的能力。

3. 重视并加强对职业素养的评价,以评价促进学生职业素养的养成,重点关注学生认真负责、严谨细致、强烈的责任心等职业素养。把相关职业素养要求细化为过程性评价指标,形成可记录、可测量的评价量表,关注学生在平常课堂学习与实践操作中表现出来的职业素养。

(四)资源利用建议

1. 充分发挥现代化信息技术的优势,利用企业的资源,开发多媒体课件,创设生动的生产学习环境,激发学生的学习兴趣,帮助学生理解和掌握知识,提高课堂教学时间的利用率。

2. 充分发挥校企合作的优势,积极组织学生参观造船企业,提高学生对船舶建造流程的感性认识。

机械制图课程标准

▌课程名称

机械制图

▌适用专业

中等职业学校船舶机械装置安装与维修专业

一、 课程性质

机械制图是中等职业学校船舶机械装置安装与维修专业的一门专业核心课程,也是一门专业必修课程。其功能是通过完成几何图形绘制、基本几何体三视图绘制、组合体识读与绘制、机械图样表达、标准件和常用件识读与绘制、零件图识读与绘制、装配图识读与绘制等学习任务,使学生掌握机械制图的基础理论知识和基本技能。本课程是船舶机械装置安装与维修专业的通识课程,也是学生后续学习其他专业课程的基础。

二、 设计思路

本课程遵循理论联系实际、学以致用的原则,根据船舶机械装置安装与维修专业的工作任务与职业能力分析结果,以船舶机械装置安装与维修专业所需机械制图相关知识为依据而设置。

课程内容紧紧围绕完成船舶机械装置安装与维修专业识图和绘图所需的职业能力培养的需要,参照机械制图国家标准,同时充分考虑本专业中职学生对本课程相关理论知识的需要,遵循适度够用的原则,确定相关理论知识、专业技能与要求,并融入船舶钳工和船舶管系工职业技能等级证书的相关考核要求。

课程内容组织遵循学生认知规律,以识图读图和工程图绘制为主线,设计了图纸构成与标准、基本几何体三视图绘制、机械图样表达、标准件和常用件识读与绘制、零件图识读与绘制、装配图识读与绘制六个学习任务,以任务为引领,整合相关知识、技能与职业素养。

本课程建议学时数为 36 学时。

三、 课程目标

通过本课程的学习,学生能掌握机械制图的基础理论知识和基本技能,具有遵守机械制图国家标准、理解正投影法的投影规律、掌握机件形状的常用表达方法和机械图样的作图要求、对典型零件的零件图和简单零部件的装配图进行准确的识读和绘制、查阅相关标准等能力,达到船舶钳工和船舶管系工职业技能等级证书的相关考核要求,具体达成以下职业素养和职业能力目标。

(一)职业素养目标

- 自觉遵守国家法律法规和政策,具有遵纪守法意识。
- 具有认真负责、严谨细致、静心专注、精益求精的工作态度。
- 遵守安全文明生产操作规程,养成良好的安全操作意识。
- 遵守机械制图国家标准,养成良好的规范操作意识和习惯。
- 具有较强的人际交往和沟通能力,具有团队合作意识。
- 具有学习新技术、新方法的兴趣和能力,具有创新意识。

(二)职业能力目标

- 能遵守和贯彻机械制图国家标准。
- 能应用投影法绘图。
- 能掌握机械图样的基本表示方法。
- 能掌握公差配合、形位公差和表面粗糙度的相关知识。
- 能绘制常用的标准件和常用件。
- 能绘制各类零件图。
- 能测绘装配体和绘制装配图。

四、课程内容与要求

学习任务	技能与学习要求	知识与学习要求	参考学时
1. 图纸构成与标准	1. 识读与绘制图框 ● 能正确识读幅面格式和标题栏、明细栏内容 ● 能绘制图纸幅面格式和标题栏、明细栏内容 2. 绘制与标注图线 ● 能根据标准字体的书写要求进行标注	1. 工程图纸的构成 ● 简述图纸的基本幅面分类、图框、标题栏、明细栏格式和尺寸标准 ● 描述比例的定义、分类和常用比例 2. 机械制图文字标准 ● 描述图样中文字书写要求和标准 3. 机械制图线型标准 ● 列举图样的基本线型及应用	2

学习任务	技能与学习要求	知识与学习要求	参考学时
1. 图纸构成与标准	● 能根据线型应用类型和图线绘制标准绘制图线 ● 能根据尺寸标注的规定，正确标注尺寸	● 说出图线绘制的要求 4. 机械制图标注标准 ● 列举说明尺寸标注的要素、要求和规则 ● 描述不同形状图样和特定要求的尺寸标注方法	
2. 基本几何体三视图绘制	1. 绘制正投影法投影图 ● 能区分使用不同类型投影方法所得投影 ● 能构建三投影体系并展开绘制在同一平面 2. 作点线面的投影 ● 能作点的投影，判断空间点的位置 ● 能根据直线的投影特性作直线的三面投影 ● 能根据平面的投影特性作平面的三面投影 ● 能根据三视图的投影规律绘制三视图 3. 基本几何体三视图绘制 ● 能绘制平面立体的三视图并作表面点的投影 ● 能绘制曲面立体的三视图并作表面点的投影 ● 能标注基本几何体的尺寸	1. 投影法的特点 ● 描述投影法的概念和分类 ● 说出正投影法的性质 ● 说出三投影体系构建方法和三投影面、投影轴的名称 2. 三视图的形成 ● 描述三视图的形成过程 ● 描述三视图的对应关系和投影规律 3. 点的投影规律 ● 描述点的投影规律 ● 描述点的投影与坐标对应关系 ● 描述根据点的投影判断点的空间位置关系的方法 4. 直线和平面的投影规律 ● 描述直线和平面与投影面的位置关系和投影特性 ● 说出直线和平面在投影体系的投影特性和投影方法 ● 归纳三视图的作图方法 5. 三视图分析方法和作图步骤 ● 描述棱柱、棱锥、圆柱、圆锥、球的三视图分析方法和作图步骤及其表面点的投影特性 ● 列举基本几何体三视图的标注要求 ● 说出基本几何体三视图的标注方法	8
3. 机械图样表达	1. 绘制视图 ● 能根据视图投影规律绘制零件六个基本视图并正确标注	1. 视图的画法 ● 辨认六个基本视图投影方向和配置关系 ● 描述向视图、局部视图、斜视图表达和绘制方法	6

（续表）

学习任务	技能与学习要求	知识与学习要求	参考学时
3. 机械图样表达	● 能根据图样表达要求选择并绘制、标注局部视图 ● 能绘制向视图并正确标注 2. 绘制剖视图 ● 能根据剖切平面，解读零件的内部结构 ● 能绘制全剖视图、半剖视图和局部剖视图并正确标注 3. 绘制断面图 ● 能绘制移出断面、重合断面并正确标注 4. 绘制局部放大图 ● 能绘制局部放大图并正确配置和标注 ● 能根据图样简化画法的原则与基本要求，绘制简化部分结构	2. 剖视图的画法 ● 认知剖视图的概念和种类 ● 描述剖切平面的选择和剖切符号的使用方法 3. 剖视图绘制方法 ● 描述全剖视图、半剖视图和局部剖视图的绘制和标注方法 ● 归纳剖视图的规定画法和注意事项 4. 断面图绘制方法 ● 说出断面图的概念和作用 ● 说出剖面图和剖视图的区别 ● 描述移出断面、重合断面的绘图和标注方法 5. 局部放大图绘制方法 ● 说出局部放大图的作用和作图方法 6. 简化画法 ● 描述图样简化画法的原则与基本要求	
4. 标准件和常用件识读与绘制	1. 绘制螺纹和螺纹紧固件 ● 能按螺纹的规定画法绘制螺纹 ● 能按国家标准规定标记和标注螺纹 ● 能使用简化画法绘制螺纹和螺纹紧固件并标注 2. 绘制齿轮 ● 能按国家标准规定标记和标注圆柱齿轮 ● 能计算齿轮绘制参数 ● 能使用简化画法绘制齿轮 3. 绘制和标注键、销 ● 能绘制和标注键、销 4. 绘制和标注滚动轴承 ● 能绘制和标注滚动轴承 ● 能查阅滚动轴承参数	1. 螺纹绘制方法 ● 描述螺纹形成过程和基本概念 ● 说出螺纹的规定画法 ● 描述螺纹标记和标注方法 2. 螺纹紧固件绘制方法 ● 描述螺纹紧固件的类型和标记 ● 描述螺纹紧固件简化绘制和标注方法 3. 齿轮绘制方法 ● 说出齿轮的类型、常用参数和参数计算方法 ● 描述单个圆柱齿轮的绘制规定 ● 描述圆柱齿轮啮合的绘制规定 4. 键的绘制方法 ● 说出键的分类 ● 描述键的绘制和标注方法 5. 销的绘制方法 ● 说出销的分类 ● 描述销的绘制和标注方法 6. 滚动轴承的绘制方法 ● 说出滚动轴承的分类和参数 ● 描述滚动轴承的绘制和标注方法	6

(续表)

学习任务	技能与学习要求	知识与学习要求	参考学时
5. 零件图识读与绘制	1. 零件图识读 ● 能识读零件形状、尺寸、表面质量、位置和几何精度 ● 能根据零件图的识读方法分析典型零件的结构 2. 绘制零件视图 ● 能根据视图的选择原则和表达方法,绘制零件视图 ● 能手绘零件草图 3. 标注零件图 ● 能根据表面结构在图样的标注要求标注表面粗糙度 ● 能正确标注尺寸公差和几何公差 ● 能在零件图中标注热处理的技术要求	1. 零件图的识读方法 ● 说出零件图的内容和作用 ● 说出零件图视图的选择原则 ● 描述零件图识读的方法和步骤 2. 零件视图的绘制方法 ● 说出图幅和比例的选择要求 ● 描述主视图和其他视图的选择原则与绘制方法 ● 描述零件过渡表面的画法规定 3. 零件图标注的要求 ● 描述零件图的标注要求 ● 描述表面质量和粗糙度概念 4. 尺寸标注的方法 ● 描述尺寸基准的分类及含义 ● 描述合理选择尺寸基准的方法 ● 描述标注尺寸的原则 5. 公差标注的方法 ● 描述尺寸公差的标注方法 ● 描述几何公差的标注方法	8
6. 装配图识读与绘制	1. 识读装配图 ● 能正确识读装配图图纸 2. 绘制简单装配图 ● 能根据装配关系,绘制简单装配图	1. 装配图的识读方法 ● 说出装配图功用和构成要素 ● 描述装配图识读的方法和步骤 2. 装配图的绘制方法 ● 描述装配图视图的选择要求 ● 描述装配图的规定画法和特殊表达方法	6
合计			36

五、 实施建议

(一) 教材编写与选用建议

1. 应依据本课程标准编写教材或选用教材,从国家和市级教育行政部门发布的教材目录中选用教材,优先选用国家和市级规划教材。

2. 教材应充分体现育人功能,紧密结合教材内容、素材,有机融入课程思政要求,使课程思政内容与专业知识、技能有机统一。

3. 树立以学生为中心的教材观,在设计教材结构和组织教材内容时应遵循中职学生认知特点与学习规律。

4. 教材应充分体现任务引领、实践导向的课程设计思想,以实用为主,体现机械制图课程的基础性和工具性。

5. 以典型工作任务为载体,以岗位需要为原则,融入船舶机械装置安装与维修相关工作岗位对职业技能的要求,结合完成工作任务的需要和岗位操作规范,以职业能力为依据组织教材内容。

6. 教材应图文并茂,文字表述必须精炼、准确、科学,操作步骤清晰。创设或引入职业情境,吸收船舶航海产业文化和优秀企业文化,提高学生的学习兴趣,加深学生对机械制图的认识。

7. 教材应体现先进性、通用性、实用性,注重引入船舶行业发展的新技术、新工艺、新方法、新设备,使教材更贴近本专业的发展情况和实际需求。

(二)教学实施建议

1. 切实推进课程思政建设,寓价值观引导于知识传授和能力培养之中,帮助学生塑造正确的世界观、人生观、价值观。要深入梳理教学内容,结合课程特点,深入挖掘课程思政元素,有机融入课程教学,达到润物无声的育人效果。

2. 教学要充分体现职业教育"实践导向、任务引领、理实一体、做学合一"的课改理念,紧密联系企业生产实际,把船舶企业典型生产作业任务作为载体,加强对学生实际操作能力的培养,以任务引领、项目教学为指导思想,努力激发学生的学习兴趣。

3. 以项目为教学载体,以学生为学习主体,让学生在完成学习任务的过程中学习知识,以讨论、演示、启发、鼓励等方式进行教学,培养学生独立自主工作的能力,引导学生灵活运用理论知识。

4. 坚持以学生为中心的教学理念,充分尊重学生,遵循学生认知特点和学习规律,以学生为中心设计和组织教学活动。教师应努力成为学生学习的组织者、指导者和陪伴者,积极探索探究式学习、问题导向式学习等多种学习方式,启发学生自主学习,合作探究。

5. 坚持理论学习与课程实践相结合,充分利用学校、企业等提供的良好教学实训条件,围绕工学结合,创新教学方法,培养学生的综合职业能力和可持续发展能力。

6. 在教学过程中,要重视本专业领域新标准的贯彻,及时关注技术、工艺、设备的发展趋势,帮助学生养成良好的规范意识和习惯,为学生提供职业生涯发展所需的新知识和新技能。

（三）教学评价建议

1. 以课程标准为依据，开展基于标准的教学评价。

2. 以评促教，以评促学，通过课堂教学及时评价，不断改进教学方法与手段。

3. 教学评价始终坚持德技并重的原则，构建德技融合的专业课教学评价体系，把德育和职业素养的评价内容与要求细化为具体的评价指标，有机融入专业知识与技能的评价指标体系，形成可观察、可测量的评价量表，综合评价学生的学习情况。通过有效评价，在日常教学中不断促进学生思想品德和职业素养的形成。

4. 重视对学生发现问题和解决问题能力的评价，教师可以根据学生提出问题的数量和质量，给予定性评价。充分利用好多种过程性评价工具，如评价表、记录袋等，积累过程性评价数据，形成过程性评价与终结性评价相结合的评价模式。

5. 合理评价学生对基础知识、基本技能的理解和掌握情况，应允许一部分学生经过一段时间的努力，逐步积累知识与技能，进而达成目标。关注评价的多元化，结合学习态度、课程作业、课堂提问、阶段测验、实验实训、技能竞赛及考试等情况，综合评定学生成绩。

6. 应在对学生全面考核的基础上，建立合理的学生成绩评定体系，可采用教师评价与学生自评互评相结合、过程性评价和结果性评价相结合、定性描述和定量评价相结合等方式，综合评价学生的学习成效，使成绩真正能够反映学生的学习情况。

（四）资源利用建议

1. 注重实验实训指导书、实验实训教材的开发和应用。

2. 充分发挥现代化信息技术的优势，利用企业的资源。注重挂图、模型、典型零部件、实物投影、多媒体课件、仿真软件等多种教学手段的合理应用。有效创设形象生动的工作情境，激发学生的学习兴趣，帮助学生理解和掌握知识，提高课堂教学时间的利用率。

3. 充分发挥校企合作的优势，积极组织学生参观造船企业，提高学生对船舶行业中机械制图应用场景的认识。

造船材料课程标准

| 课程名称

造船材料

| 适用专业

中等职业学校船舶机械装置安装与维修专业

一、 课程性质

造船材料是中等职业学校船舶机械装置安装与维修专业的一门专业核心课程,也是一门专业必修课程。其功能是使学生掌握金属材料与热处理相关知识和技能。本课程是船舶机械装置安装与维修专业的通识课程,也是学生后续学习其他专业课程的基础。

二、 设计思路

本课程遵循理论联系实际、学以致用的原则,根据船舶机械装置安装与维修专业的工作任务与职业能力分析结果,以现代造船所需船舶建造材料相关知识为依据而设置。

课程内容紧紧围绕船舶机械装置安装与维修所需的职业能力培养的需要,选取了铁碳合金、合金钢、铸钢件和有色金属等内容,遵循适度够用的原则,确定相关理论知识、专业技能与要求,并融入船舶钳工和船舶管系工职业技能等级证书的相关考核要求。

课程内容组织遵循学生认知规律,以造船材料的类型、性能和用途为主线,设计了金属的结构与结晶、金属材料的性能、铁碳合金、钢的热处理、合金钢、铸钢件、有色金属七个学习任务,以任务为引领,整合相关知识、技能与职业素养。

本课程建议学时数为 36 学时。

三、 课程目标

通过本课程的学习,学生能掌握金属材料与热处理的基础理论知识和基本技能,为后续课程的学习打下基础,达到船舶钳工和船舶管系工职业技能等级证书的相关考核要求,具体达成以下职业素养和职业能力目标。

(一)职业素养目标

● 具有正确的人生观、价值观和良好的职业操守。

● 遵守相关国家标准,养成良好的规范操作意识和习惯。

- 具有认真负责的工作态度和严谨细致的工作作风。
- 具有较强的人际交往和沟通能力,具有团队合作意识。
- 具有整合知识和综合运用知识分析问题与解决问题的能力。
- 具有学习造船材料相关新工艺、新技术的兴趣和能力。

(二) 职业能力目标

- 能识别常用的金属材料。
- 能区分不同类型造船材料的牌号、结构和用途。
- 能区分不同类型造船材料的物理性能和化学性能。
- 能分析不同类型造船材料的热处理方法。
- 能根据任务要求选择合适的造船材料。

四、 课程内容与要求

学习任务	技能与学习要求	知识与学习要求	参考学时
1. 金属的结构与结晶	1. 区分晶体与非晶体 ● 能正确判断典型物质是晶体还是非晶体 2. 金属的晶格类型识别 ● 能正确区分晶格和晶胞 ● 能正确区分典型金属的晶格类型 3. 判断金属材料晶粒的粗细 ● 能分析金属材料晶粒的粗细 4. 分析纯铁的同素异构转变 ● 能根据纯铁的同素异构转变冷却曲线,分析纯铁的同素异构转变过程	1. 晶体与非晶体 ● 说出晶体与非晶体的性能特点 2. 金属的晶体结构 ● 描述三种常见金属的晶格类型 ● 说出金属晶格类型的结构特点 3. 细化晶粒的方法 ● 列举细化晶粒的几种方法 4. 金属的同素异构转变 ● 解释金属的同素异构转变	4
2. 金属材料的性能	1. 金属材料的物理性能和化学性能区分 ● 能区分不同金属材料的物理性能 ● 能区分不同金属材料的化学性能 2. 金属材料力学性能的计算 ● 能计算不同金属材料的抗拉强度、屈服强度、断后伸长率及断面收缩率 ● 能根据不同材料选择合适的硬度测试方法 3. 分析金属材料的工艺性能 ● 能根据所给金属材料,分析工艺性能	1. 金属材料的物理性能和化学性能 ● 解释密度、熔点、导电性、导热性、热膨胀性、磁性 ● 解释耐腐蚀性和高温抗氧化性 2. 金属材料的力学性能 ● 描述金属材料的强度、塑性指标 ● 描述三种常用硬度测试方法的测量原理、表示方法及应用范围 3. 金属材料的工艺性能 ● 描述金属材料的工艺性能	8

（续表）

学习任务	技能与学习要求	知识与学习要求	参考学时
3. 铁碳合金	1. 分析杂质元素对碳素钢性能的影响 ● 能分析碳素钢中杂质元素的来源及其对钢质量和性能的影响 2. 铁碳合金基本组织的性能特点分析 ● 能分析铁碳合金基本组织的性能特点 3. 铁碳合金相图分析 ● 能绘制铁碳合金相图 ● 能分析铁碳合金相图中的特征线和特征点 4. 碳素钢牌号分析及用途分析 ● 能根据牌号判断钢材的种类 ● 能根据零件用途选择合适的钢材	1. 碳素钢中常存的杂质元素 ● 描述碳素钢中常存的杂质元素 2. 铁碳合金的基本组织 ● 说出五种基本组织名称对应的符号 3. 铁碳合金相图 ● 说出铁碳合金相图中特征线和特征点的含义 4. 碳素钢的分类方法 ● 列举碳素钢的分类方法 5. 碳素钢的表示方法 ● 举例说明碳素钢的表示方法 ● 说出碳素钢牌号的含义	8
4. 钢的热处理	1. 分析热处理的原理 ● 能分析热处理的原理 2. 分析不同材料的热处理方法 ● 能分析不同材料的热处理方法	1. 热处理的特点 ● 描述热处理与铸造、压力加工、焊接和切削加工的不同 2. 热处理基本方法的类型和目的 ● 举例说明热处理基本方法的类型和目的 ● 描述常用淬火介质的冷却特点和应用场合 ● 归纳回火的分类和应用场合	4
5. 合金钢	1. 分析合金元素在钢中的作用 ● 能分析合金元素对钢的组织和性能的影响 2. 合金钢牌号分析及用途分析 ● 能根据牌号判断钢材的种类 ● 能根据零件用途选择合适的钢材	1. 合金元素在钢中的作用 ● 列举合金元素在钢中的作用 2. 合金钢的分类方法 ● 列举合金钢的分类方法 3. 合金钢的表示方法 ● 举例说明合金钢的表示方法 ● 说出合金钢牌号的含义	4
6. 铸钢件	1. 分析铸钢件的石墨化过程 ● 能分析铸钢件石墨化的影响因素 2. 铸钢件牌号分析及用途分析 ● 能根据要求识读不同类型铸钢件的牌号	1. 铸钢件的类型、性能和用途 ● 归纳铸钢件的类型和用途 ● 描述铸钢件的组织和性能的关系 2. 铸钢件的牌号 ● 描述不同类型铸钢件的牌号形式 ● 说出铸钢件牌号的含义	4

（续表）

学习任务	技能与学习要求	知识与学习要求	参考学时
7. 有色金属	1. 区分铝与铝合金 ● 能根据外观区分铝与铝合金 ● 能区分铝与铝合金的性能、牌号及用途 2. 区分铜与铜合金 ● 能根据外观区分铜与铜合金 ● 能区分铜与铜合金的性能、牌号及用途	1. 铝的性能和用途 ● 描述工业纯铝的性能和用途 2. 铝合金的分类和牌号 ● 描述常见铝合金的用途 ● 描述铝合金的牌号形式 3. 铝合金的性能和用途 ● 描述铝合金的性能和用途 4. 铜的性能和用途 ● 描述工业纯铜的性能和用途 5. 铜合金的分类和牌号 ● 描述常见铜合金的用途 ● 描述铜合金的牌号形式 6. 铝合金的性能和用途 ● 描述铜合金的性能和用途	4
合计			36

五、 实施建议

（一）教材编写与选用建议

1. 应依据本课程标准编写教材或选用教材，从国家和市级教育行政部门发布的教材目录中选用教材，优先选用国家和市级规划教材。

2. 教材应充分体现育人功能，紧密结合教材内容、素材，有机融入课程思政要求，使课程思政内容与专业知识、技能有机统一。

3. 树立以学生为中心的教材观，在设计教材结构和组织教材内容时应遵循中职学生认知特点与学习规律。

4. 教材应充分体现任务引领、实践导向的课程设计思想，以实用为主，体现造船材料课程的基础性和工具性。

5. 教材应图文并茂，文字表述必须精炼、准确、科学，操作步骤清晰。创设或引入职业情境，吸收船舶航海产业文化和优秀企业文化，提高学生的学习兴趣，加深学生对造船材料的认识。

6. 教材应体现先进性、通用性、实用性，注重引入船舶行业发展的新技术、新工艺、新方法、新设备，使教材更贴近本专业的发展情况和实际需求。

（二）教学实施建议

1. 切实推进课程思政建设,寓价值观引导于知识传授和能力培养之中,帮助学生塑造正确的世界观、人生观、价值观。要深入梳理教学内容,结合课程特点,深入挖掘课程思政元素,有机融入课程教学,达到润物无声的育人效果。

2. 在教学过程中,要关注金属材料与热处理领域技术、工艺、方法的发展趋势。应贯彻任务引领的指导思想,立足学生综合能力的培养,激发学生的学习兴趣,发展学生的综合职业能力。

3. 坚持以学生为中心的教学理念,充分尊重学生,遵循学生认知特点和学习规律,以学生为中心设计和组织教学活动。教师应努力成为学生学习的组织者、指导者和陪伴者,积极探索探究式学习、问题导向式学习等多种学习方式,启发学生自主学习,合作探究。

4. 充分调动学生学习的积极性、能动性,采取灵活多样的教学方式,积极探索自主学习、合作学习、探究式学习、问题导向式学习、体验式学习、混合式学习等体现教学新理念的教学方式。

5. 在教学过程中,强调师生的信息交流和思想沟通,教师应及时了解学生对专业学习的需求,并与学生共同探讨解决的办法,提倡师生共创或改进教学情境、条件,提高学生的主体意识和参与精神。

（三）教学评价建议

1. 以课程标准为依据,开展基于标准的教学评价。

2. 以评促教,以评促学,通过课堂教学及时评价,不断改进教学方法与手段。

3. 教学评价始终坚持德技并重的原则,构建德技融合的专业课教学评价体系,把德育和职业素养的评价内容与要求细化为具体的评价指标,有机融入专业知识与技能的评价指标体系,形成可观察、可测量的评价量表,综合评价学生的学习情况。通过有效评价,在日常教学中不断促进学生思想品德和职业素养的形成。

4. 重视对学生发现问题和解决问题能力的评价,教师可以根据学生提出问题的数量和质量,给予定性评价。充分利用好多种过程性评价工具,如评价表、记录袋等,积累过程性评价数据,形成过程性评价与终结性评价相结合的评价模式。

5. 合理评价学生对基础知识、基本技能的理解和掌握情况,应允许一部分学生经过一段时间的努力,逐步积累知识与技能,进而达成目标。关注评价的多元化,结合学习态度、课程作业、课堂提问、阶段测验、实验实训、技能竞赛及考试等情况,综合评定学生成绩。

6. 应在对学生全面考核的基础上,建立合理的学生成绩评定体系,可采用教师评价与学生自评互评相结合、过程性评价和结果性评价相结合、定性描述和定量评价相结合等方式,综合评价学生的学习成效,使成绩真正能够反映学生的学习情况。

(四)资源利用建议

1. 注重实验实训指导书、实验实训教材的开发和应用。

2. 充分发挥现代化信息技术的优势,利用企业的资源,开发多媒体课件,创设生动的生产学习环境,激发学生的学习兴趣,帮助学生理解和掌握知识,提高课堂教学时间的利用率。

3. 充分发挥校企合作的优势,积极组织学生参观造船企业,提高学生对造船材料的感性认识。

计算机绘图课程标准

课程名称

计算机绘图

适用专业

中等职业学校船舶机械装置安装与维修专业

一、 课程性质

计算机绘图是中等职业学校船舶机械装置安装与维修专业的一门专业核心课程,也是一门专业必修课程。其功能是使学生掌握使用 AutoCAD 软件绘制机械零件加工和装配图的方法,具备打印和输出的基本技能。本课程是机械制图的后续课程,也是学生后续学习其他专业课程的基础。

二、 设计思路

本课程遵循理论联系实际、学以致用的原则,根据船舶机械装置安装与维修专业的工作任务与职业能力分析结果,以船舶机械装置安装与维修专业所需计算机辅助绘图相关基本技能为依据而设置。

课程内容紧紧围绕机械制造技术所需的职业能力培养的需要,选取了软件安装与设置、图形绘制、文字与尺寸标注等内容,遵循适度够用的原则,确定相关理论知识、专业技能与要求,并融入计算机辅助机械设计绘图员(五级)职业技能等级证书的相关考核要求。

课程内容组织遵循学生认知规律,以使用 AutoCAD 软件绘制和打印机械图样的过程为主线,设计了软件安装与设置、图形绘制、文字与尺寸标注、零件图绘制、图纸输出布局与打印五个学习任务,以任务为引领,整合相关知识、技能与职业素养。

本课程建议学时数为 36 学时。

三、 课程目标

通过本课程的学习,学生能掌握计算机辅助绘图的基础理论知识和基本技能,具备软件安装与设置、图形绘制、文字与尺寸标注、零件图绘制、图纸输出布局与打印等能力,养成认真负责的态度、严谨细致的作风、善于沟通合作的品质,学会运用相关理论知识分析和解决实际问题,具体达成以下职业素养和职业能力目标。

(一)职业素养目标

● 自觉遵守国家法律法规和政策,具有遵纪守法的意识。

● 养成认真负责、严谨细致、静心专注、精益求精的工作态度。

● 遵守相关国家标准,养成良好的规范操作意识和习惯。

● 具有较强的人际交往和沟通能力,具有团队合作意识。

● 具有学习新技术、新方法的兴趣和能力,具有创新意识。

(二)职业能力目标

● 能安装计算机辅助绘图软件并定制操作环境。

● 能完成计算机辅助绘图软件的基本操作。

● 能绘制与编辑平面图形。

● 能进行文字与尺寸标注、图案填充。

● 能绘制与编辑零件图。

● 能完成文件格式转换。

● 能布局与打印输出图纸。

四、 课程内容与要求

学习任务	技能与学习要求	知识与学习要求	参考学时
1. 软件安装与设置	1. 安装 AutoCAD 软件 ● 能安装 AutoCAD 软件 ● 能设置 AutoCAD 软件的参数 2. 操作 AutoCAD 软件 ● 能进行 AutoCAD 软件的启动和退出 ● 能创建、保存、打开、关闭图形文件 ● 能设置操作界面和坐标系 ● 能设置和使用快捷键	1. AutoCAD 软件基础 ● 简述 AutoCAD 软件的安装方法 ● 概述 AutoCAD 软件操作界面的组成 2. AutoCAD 软件应用 ● 说出 AutoCAD 软件启动和退出的操作方法 ● 说出功能键和快捷键的操作方法 ● 说出坐标系统与数据的输入方法 ● 简述实体选择的操作方法	2

(续表)

学习任务	技能与学习要求	知识与学习要求	参考学时
2. 图形绘制	1. 绘图基本操作 ● 能按要求设置图框和标题栏 ● 能设置绘图的单位和界限 ● 能进行图层的创建和设置 ● 能使用图层组织图形并设置实体属性 ● 能进行图形的图案填充与编辑 2. 绘制图形 ● 能运用直线类、圆类基本绘图命令绘制平面图形 ● 能运用矩形、正多边形、多段线、样条曲线等高级绘图命令绘制平面图形 3. 编辑图形 ● 能运用删除、恢复、清除命令绘制平面图形 ● 能运用复制、镜像、偏移、阵列命令绘制平面图形 ● 能运用移动、旋转、缩放命令绘制平面图形 ● 能运用修剪、倒角、圆角命令绘制平面图形 ● 能运用延伸、拉伸、拉长命令绘制平面图形	1. 图形绘制基础 ● 说出图层颜色、线型、线宽和状态的设置方法 ● 说出图形图案填充与编辑的操作方法 2. 绘图命令 ● 列举直线、射线、构造线命令的功能和区别,并说明操作方法 ● 列举圆、圆弧、椭圆命令的功能和区别,并说明操作方法 ● 简述矩形、正多边形命令的功能和操作方法 ● 简述多段线、样条曲线命令的操作方法 3. 编辑命令 ● 说出删除、恢复、清除命令的操作方法 ● 简述复制、镜像、偏移、阵列命令的功能和操作方法 ● 简述移动、旋转、缩放命令的功能和操作方法 ● 简述修剪、延伸、拉伸、拉长命令的功能和操作方法 ● 简述倒角、圆角命令的功能和操作方法	12
3. 文字与尺寸标注	1. 输入文本 ● 能进行单行文本和多行文本的创建 ● 能进行单行文本和多行文本的输入与编辑 2. 标注图形尺寸 ● 能创建图形尺寸标注样式 ● 能根据尺寸标注的原则准确标注尺寸 ● 能进行尺寸标注的编辑	1. 文本输入方法 ● 说出文本样式设置中各参数的含义 ● 比较输入单行文本和多行文本的区别 ● 归纳输入与编辑单行文本和多行文本的方法 2. 尺寸标注要求 ● 说出尺寸标注样式中各参数的含义和作用,说出尺寸标注的原则 ● 概述尺寸标注样式设置对标注的影响 ● 简述尺寸标注编辑的方法	8

学习任务	技能与学习要求	知识与学习要求	参考学时
4. 零件图绘制	1. 识读零件图 ● 能判断零件的形状 ● 能识读零件尺寸、位置精度、几何精度和表面质量 ● 能识读零件技术要求 ● 能根据零件图的识读方法分析典型零件的结构 2. 绘制零件图 ● 能进行零件图图幅设置 ● 能绘制三视图及其他视图 ● 能进行尺寸公差标注、形位公差标注、表面粗糙度标注、技术要求标注等	1. 零件图的识读方法 ● 说出完整零件图包含的内容 ● 说出零件图图形识读的主要方法 ● 说出零件图尺寸识读的主要方法 ● 说出零件图技术要求识读的主要方法 2. 绘制零件图的方法和步骤 ● 简述绘制零件图的方法 ● 举例说明绘制零件图的步骤 3. 绘制零件图相关命令功能和操作方法 ● 举例说明图幅设置相关命令功能和操作方法 ● 举例说明尺寸公差相关命令功能和操作方法 ● 举例说明形位公差相关命令功能和操作方法 ● 举例说明表面粗糙度相关命令功能和操作方法	12
5. 图纸输出布局与打印	1. 打印输出图纸 ● 能设置页面 ● 能设置视口的视图比例 ● 能设置打印设备 ● 能设置图纸打印参数 ● 能按要求打印输出图纸	1. 图纸输出布局设置方法 ● 简述模型空间与图纸空间的关系 ● 举例说明页面设置等输出布局设置方法 2. 图纸打印参数设置方法 ● 简述打印设备、打印参数、打印样式的设置方法	2
合计			36

五、 实施建议

(一) 教材编写与选用建议

1. 应依据本课程标准编写教材或选用教材,从国家和市级教育行政部门发布的教材目录中选用教材,优先选用国家和市级规划教材。

2. 教材应充分体现育人功能,紧密结合教材内容、素材,有机融入课程思政要求,使课程思政内容与专业知识、技能有机统一。

3. 树立以学生为中心的教材观,在设计教材结构和组织教材内容时应遵循中职学生认知特点与学习规律。

4. 教材应充分体现任务引领、实践导向的课程设计思想,以实用为主,体现计算机绘图课程的基础性和工具性。

5. 教材以学习任务为主线,融入船舶机械装置安装与维修相关工作岗位对职业能力和职业素养的要求,吸收职业技能竞赛对职业能力的要求并结合职业技能认定的要求,把握本课程的知识点和技能点,按照够用、实用、兼顾发展的原则,循序渐进地组织教材内容。

6. 教材在整体设计和内容选取时要注重引入船舶行业发展的新技术、新工艺、新方法、新设备,对接相应的船舶工人职业标准和岗位要求,增加创新内容,激发学生的学习兴趣,并吸收先进产业文化和优秀企业文化,创设或引入职业情境,增强教材的职场感。

7. 增强教材对学生的吸引力,编写时应图文并茂,提高学生的学习兴趣,加深学生对计算机绘图课程的认知。贴近学生生活,贴近职场,采用图片、图表、视频等去呈现内容,让学生在使用教材时有亲切感、真实感。

（二）教学实施建议

1. 切实推进课程思政建设,寓价值观引导于知识传授和能力培养之中,帮助学生塑造正确的世界观、人生观、价值观。要深入梳理教学内容,结合课程特点,深入挖掘课程思政元素,有机融入课程教学,达到润物无声的育人效果。

2. 培养学生的综合职业能力,激发学生的学习兴趣,坚持"做中学,做中教",采用精讲多练的教学方法。

3. 把真实设计图纸引入课堂,提高课堂教学实效。培养学生的计算机绘图能力是本课程教学的核心目标,把企业真实设计图纸引入课堂,能够吸引学生的注意力,提高学生对所要表达零件的感性认识,加深学生对课堂学习内容的理解,拉近课堂学习与实践工作的距离,增强学习的直观性和趣味性。

4. 按工作任务或项目组织教学,培养学生的知识运用能力。教学项目要有实际意义,要结合学生日后在工作中会遇到的实际问题进行项目设计。

（三）教学评价建议

1. 建立过程评价与目标评价并重的评价体系,在学中评,在做中评,引导学生形成严谨的学风和认真负责的工作态度。

2. 注重评价内容的整体性,兼顾综合素质与能力评价。对学生的考核分为职业素养考核、AutoCAD 绘图能力考核和识图能力考核三个部分。职业素养考核包括平时的出勤率、书面作业任务的完成情况等方面,重点考核学生的学习过程,包括其学习态度、努力的程度以及表现出来的效果。AutoCAD 绘图能力考核包括绘图速度考核和绘图质量考核等方面。

识图能力考核重点考核学生识读图样的综合能力。

3. 评价的手段和形式要多样化,采取定性评价与定量评价相结合的评价方法,充分关注学生的个性差异,发挥评价的激励作用,保护学生的自尊心,增强学生的自信心。采用绘制企业实际零件图或装配图的形式测试学生的绘图能力。读图测试可以采用答辩的方式。

4. 在教学过程中,教师要根据学生参与情况、学习能力、考试成绩等做出客观评价。对于情感、态度与价值观等方面的指标,应由学生按指标要求自评,然后让学生以小组的形式开展互评,最后,教师根据学生自评与互评的结果,结合学生的考试成绩与作业完成情况,进行综合评定。

(四) 资源利用建议

1. 注重实验实训指导书、实验实训教材的开发和应用。

2. 充分发挥现代化信息技术的优势,利用企业的资源。注重挂图、模型、典型零部件、实物投影、多媒体课件、仿真软件等多种教学手段的合理应用。有效创设形象生动的工作情境,激发学生的学习兴趣,帮助学生理解和掌握知识,提高课堂教学时间的利用率。

3. 充分发挥校企合作的优势,积极组织学生参观造船企业,提高学生对船舶行业中计算机绘图应用场景的认识。

机械基础课程标准

▎课程名称

机械基础

▎适用专业

中等职业学校船舶机械装置安装与维修专业

一、 课程性质

机械基础是中等职业学校船舶机械装置安装与维修专业的一门专业核心课程,也是一门专业必修课程。其功能是使学生掌握机械基础方面必要的基础理论知识和基本技能。本课程是船舶机械装置安装与维修专业的通识课程,也是学生后续学习其他专业课程的基础。

二、 设计思路

本课程遵循任务引领、学以致用的原则,根据船舶机械装置安装与维修专业的工作任务与职业能力分析结果,以船舶机械装置安装与维修专业所需机械基础相关知识为依据而设置。

课程内容紧紧围绕船舶机械装置安装与维修所需的机械基础职业能力培养的需要,以"够用、实用、兼顾发展"为原则,选取了常用机械零件、常用机构、机械传动等内容,确定相关理论知识、专业技能与要求,并融入船舶钳工和船舶管系工职业技能等级证书的相关考核要求。

课程内容组织遵循学生认知规律,以常用机械零件、常用机构、机械传动为主线,设计了平面构件的静力分析、常用机构认知、机械传动认知、支承零部件认知、连接零部件认知五个学习任务,以任务为引领,整合相关知识、技能与职业素养。

本课程建议学时数为 72 学时。

三、 课程目标

通过本课程的学习,学生能掌握机械基础的基础理论知识和基本技能,正确进行平面构件的静力分析,选用机械零件及简单机械机构,查阅手册、图册等相关技术资料,正确操作相关机械设备,达到船舶钳工和船舶管系工职业技能等级证书的相关考核要求,具体达成以下职业素养和职业能力目标。

(一) 职业素养目标

- 具有诚实虚心做人、认真用心学习的态度。
- 具有自我管理、自主学习的能力。
- 具有本专业的基础理论知识和基本技能。
- 具有谨慎、科学的职业素养。
- 具有继续学习的意愿和自主学习的能力。
- 具有开拓精神和创新精神。

(二) 职业能力目标

- 能正确进行平面构件的静力分析。
- 能初步分析和选用机械零件及简单机械机构。
- 能查阅手册、图册等相关技术资料。
- 能正确操作相关机械设备。
- 能正确选择机械零件的相关国家标准。

四、 课程内容与要求

学习任务	技能与学习要求	知识与学习要求	参考学时
1. 平面构件的静力分析	1. 受力图绘制和力学计算 ● 能分析零件工作受力情况,绘制受力图 ● 能进行力学计算 2. 计算平面基本力系 ● 能计算力矩和力偶 ● 能列出平面受力时的平衡方程 3. 平面任意力系的相关计算 ● 能计算平面任意力系的平衡方程 4. 直杆基本变形的相关计算 ● 能利用截面法算出杆件拉伸与压缩变形时的内力和应力大小	1. 力的基本性质 ● 说出力的基本性质 2. 静力学基本公理 ● 简述静力学基本公理 3. 约束类型、约束反力的含义和基本类型 ● 简述约束类型、约束反力的含义和基本类型 4. 受力图的含义与作图要求 ● 简述受力图的含义与作图要求 5. 受力图作图步骤与注意事项 ● 简述受力图作图步骤与注意事项 6. 力系的定义与分类 ● 简述力系的定义与分类 ● 简述力的分解过程	16

（续表）

学习任务	技能与学习要求	知识与学习要求	参考学时
1. 平面构件的静力分析		7. 力矩的定义与性质 ● 简述力矩的定义与性质 8. 力矩的单位与计算公式 ● 举例说明力矩的单位与计算公式 9. 力偶的定义与三大要素 ● 简述力偶的定义与三大要素 10. 力偶的单位与计算公式 ● 简述力偶的单位与计算公式 11. 平衡方程的定义与应用 ● 简述平面受力时的平衡方程 12. 平面任意力系 ● 简述力的平移定理 ● 简述平面受力的特殊情况（二矩式、三矩式） 13. 直杆基本变形的种类 ● 举例说明直杆基本变形的种类 14. 杆件拉伸与压缩时材料的力学性能分析方法 ● 简述如何使用截面法分析杆件拉伸与压缩时材料的力学性能	
2. 常用机构认知	1. 计算平面机构的自由度和查阅相关标准 ● 能计算分析平面机构的自由度 ● 能查阅有关构件、运动副、机构运动简图的国家标准 2. 铰链四杆机构判别与模型制作 ● 能判别铰链四杆机构的基本形式 ● 能制作简单的铰链四杆机构模型 3. 凸轮机构分析 ● 能分析凸轮机构的运动流程	1. 平面机构的种类 ● 简述平面机构的组成 ● 简述平面机构和空间机构的区别 ● 简述机构运动简图的组成 ● 简述平面机构的运动过程 2. 运动副的种类 ● 举例说明自由度的定义 ● 举例说明运动副的分类 3. 铰链四杆机构的功能与组成 ● 简述铰链四杆机构的功能 ● 简述铰链四杆机构的组成 4. 铰链四杆机构的基本形式与运动特性 ● 简述铰链四杆机构的基本形式 ● 简述铰链四杆机构的运动特性	16

（续表）

学习任务	技能与学习要求	知识与学习要求	参考学时
2. 常用机构认知	4. 间歇运动机构分析 ● 能判定间歇运动的类型 ● 能分析棘轮机构的运动流程 ● 能分析槽轮机构的运动流程	5. 铰链四杆机构类型的判定方法 ● 简述铰链四杆机构类型的判定方法 6. 凸轮机构的组成与特点 ● 简述凸轮机构的组成 ● 简述凸轮机构的特点 7. 凸轮机构的类型与工作原理 ● 简述凸轮机构的类型 ● 简述凸轮机构的工作原理 8. 凸轮机构的主要参数与应用 ● 简述凸轮机构的主要参数 ● 举例说明凸轮机构的应用 9. 间歇运动机构的组成与特点 ● 简述间歇运动机构的组成 ● 简述间歇运动机构的特点 10. 间歇运动机构的类型与工作原理 ● 简述间歇运动机构的类型 ● 简述间歇运动机构的工作原理 11. 棘轮机构的组成、特点、工作原理及应用 ● 简述棘轮机构的组成与特点 ● 简述棘轮机构的工作原理 ● 举例说明棘轮机构的应用 12. 槽轮机构的组成、特点、工作原理及应用 ● 简述槽轮机构的组成与特点 ● 简述槽轮机构的工作原理 ● 举例说明槽轮机构的应用	
3. 机械传动认知	1. 带传动分析 ● 能识别 V 带和带轮结构 ● 能查阅有关资料,选用普通 V 带 ● 能计算带传动的传动比 ● 能看懂带传动的装配图 2. 链传动分析 ● 能识别链和链轮结构 ● 能查阅有关资料,选用滚子链 ● 能计算链传动的传动比 ● 能看懂链传动的装配图	1. 带传动的组成与特点 ● 简述带传动的组成 ● 简述带传动的特点 2. 带传动的类型与工作原理 ● 简述带传动的类型 ● 简述带传动的工作原理 3. 带传动的主要尺寸参数 ● 简述带传动的主要尺寸参数 4. V 带传动的结构与组成 ● 简述 V 带的结构简图 ● 举例说明 V 带和带轮的结构类型 ● 简述 V 带和带轮的组成	28

学习任务	技能与学习要求	知识与学习要求	参考学时
3. 机械传动认知	3. 齿轮传动分析 ● 能识别齿轮传动结构 ● 能查阅有关资料,选用齿轮 ● 能利用公式计算齿轮传动的传动比或相关参数 ● 能绘制标准直齿圆柱齿轮零件结构图 ● 能计算标准直齿圆柱齿轮的几何尺寸 4. 蜗杆蜗轮传动结构分析与旋向判定 ● 能识别蜗杆蜗轮传动结构 ● 能查阅有关资料,选用蜗杆蜗轮 ● 能判定蜗杆蜗轮的旋向 5. 定轴轮系分析与传动比计算 ● 能计算定轴轮系的传动比	5. 链传动的组成与特点 ● 简述链传动的组成 ● 简述链传动的特点 6. 链传动的类型与工作原理 ● 简述链传动的类型 ● 简述链传动的工作原理 7. 链传动的主要尺寸参数 ● 简述链传动的主要尺寸参数 8. 滚子链的型号、组成与类型 ● 简述滚子链的型号与组成 ● 简述滚子链的结构简图 ● 举例说明链和链轮的结构类型 ● 简述链和链轮的组成 9. 齿轮传动的组成与特点 ● 简述齿轮传动的组成 ● 简述齿轮传动的特点 10. 齿轮传动的类型与工作原理 ● 简述齿轮传动的类型 ● 简述齿轮传动的工作原理 11. 齿轮传动的主要尺寸参数与应用 ● 简述齿轮传动的主要尺寸参数 ● 举例说明齿轮传动的应用 12. 渐开线齿轮齿廓的形成与啮合条件 ● 简述渐开线齿轮齿廓的形成 ● 简述渐开线齿轮正确的啮合条件 13. 标准直齿圆柱齿轮的基本参数、相关公式、啮合条件与失效形式 ● 简述标准直齿圆柱齿轮的基本参数 ● 简述标准直齿圆柱齿轮的相关公式 ● 简述标准直齿圆柱齿轮的啮合条件 ● 简述标准直齿圆柱齿轮的失效形式	

学习任务	技能与学习要求	知识与学习要求	参考学时
3. 机械传动认知		14. 蜗杆蜗轮传动的特点与应用 ● 简述蜗杆蜗轮传动的特点 ● 举例说明蜗杆蜗轮传动的应用 15. 蜗杆蜗轮传动的类型与工作原理 ● 简述蜗杆蜗轮传动的类型 ● 简述蜗杆蜗轮传动的工作原理 16. 蜗杆蜗轮传动的旋向判定法则 ● 简述蜗杆蜗轮传动的旋向判定法则 17. 定轴轮系的类型与传动比 ● 简述定轴轮系的类型 ● 举例说明定轴轮系传动比的计算方法	
4. 支承零部件认知	1. 轴的结构分析与绘制 ● 能识别轴的结构 ● 能绘制轴的零件图 2. 轴承选择与安装 ● 能区分滑动轴承与滚动轴承 ● 能根据用途、工艺选择轴承	1. 轴的组成与特点 ● 简述轴的组成 ● 简述轴的特点 2. 轴的分类、应用与固定方法 ● 简述轴的分类 ● 举例说明轴的应用 ● 举例说明轴上零件的固定方法 3. 安装与拆卸减速箱上的轴的步骤 ● 简述安装与拆卸减速箱上的轴的步骤 4. 轴承的组成与特点 ● 简述轴承的组成 ● 简述轴承的特点 5. 轴承的类型与作用 ● 举例说明轴承的类型 ● 简述轴承的作用 6. 滚动轴承的组成与代号 ● 简述常用滚动轴承的组成 ● 简述常用滚动轴承代号表达的含义	6
5. 连接零部件认知	1. 键和销连接选择与读图 ● 能看懂图纸上的键和销 ● 能查阅有关键、销连接件的机械基础手册 2. 螺纹连接选择与绘制 ● 能绘制螺纹连接结构图 ● 能查阅有关螺纹连接件的机械基础手册	1. 键连接的类型、特点与应用 ● 简述键连接的类型 ● 简述键连接的特点 ● 举例说明键连接的应用 2. 销连接的类型、特点与应用 ● 简述销连接的类型 ● 简述销连接的特点 ● 举例说明销连接的应用	6

（续表）

学习任务	技能与学习要求	知识与学习要求	参考学时
5. 连接零部件认知	3. 联轴器和离合器选择与读图 ● 能看懂联轴器和离合器装配图 ● 能识别联轴器和离合器装置 ● 能查阅有关联轴器和离合器的机械基础手册	3. 螺纹连接的类型与特点 ● 简述螺纹和螺纹连接的类型 ● 简述螺纹和螺纹连接的特点 4. 螺纹连接的主要参数与应用 ● 简述螺纹连接的主要参数 ● 举例说明螺纹连接的应用 5. 联轴器连接的结构特点、工作原理与应用 ● 简述联轴器的工作原理 ● 简述联轴器的结构特点 ● 举例说明联轴器的应用 6. 离合器连接的结构特点、工作原理与应用 ● 简述离合器的工作原理 ● 简述离合器的结构特点 ● 举例说明离合器的应用	
合计			72

五、 实施建议

（一）教材编写与选用建议

1. 应依据本课程标准编写教材或选用教材，从国家和市级教育行政部门发布的教材目录中选用教材，优先选用国家和市级规划教材。

2. 教材应充分体现育人功能，紧密结合教材内容、素材，有机融入课程思政要求，使课程思政内容与专业知识、技能有机统一。

3. 树立以学生为中心的教材观，在设计教材结构和组织教材内容时应遵循中职学生认知特点与学习规律。

4. 教材表达必须精炼、准确、科学，以实用为主，体现机械基础课程的基础性和工具性。

5. 教材以学习任务为主线，融入船舶机械装置安装与维修相关工作岗位对职业能力和职业素养的要求，吸收职业技能竞赛对职业能力的要求并结合职业技能认定的要求，把握本课程的知识点和技能点，按照够用、实用、兼顾发展的原则，循序渐进地组织教材内容。

6. 教材在整体设计和内容选取时要注重引入船舶行业发展的新技术、新工艺、新方法、新设备，对接相应的船舶工人职业标准和岗位要求，增加创新内容，激发学生的学习兴趣，并吸收先进产业文化和优秀企业文化，创设或引入职业情境，增强教材的职场感。

7. 增强教材对学生的吸引力,编写时应图文并茂,提高学生的学习兴趣,加深学生对机械基础课程的认知。贴近学生生活,贴近职场,采用图片、图表、视频等去呈现内容,让学生在使用教材时有亲切感、真实感。

(二)教学实施建议

1. 培养学生的综合职业能力,激发学生的学习兴趣,坚持"做中学,做中教"。

2. 按工作任务或项目组织教学,让学生接触企业产品图样。

3. 注重培养学生认真负责的工作态度、交流沟通和合作能力,促进学生良好职业素养的形成。

4. 实训模块是本课程的重要组成部分,应结合专业背景,选择适合装拆的零部件,培养学生初步制订并组织实施工作计划的能力。

(三)教学评价建议

1. 教师评价、学生相互评价、学生自我评价相结合,体现考核与评价主体的多元化。

2. 既要关注学生对知识的理解情况和对技能的掌握情况,又要关注学生规范操作、安全文明操作等良好习惯的养成,以及节约能源、节省材料、爱护工具设备、保护环境等意识与观念的形成和发展。

3. 逐步建立发展性考核与评价体系,采用过程性评价与结果性评价相结合的方式,既关注结果,又关注过程。可按过程性评价和结果性评价各占一定比例的办法计算总评成绩。

4. 可通过多种方式了解学生在课内外的学习行为、学习态度、学习方法,关注学生的发展潜能等,采用等级或分数评定与描述评定相结合的形式综合评价学生。

(四)资源利用建议

1. 注重实验实训指导书、实验实训教材的开发和应用。

2. 充分发挥现代化信息技术的优势,利用企业的资源,开发多媒体课件,创设生动的生产学习环境,激发学生的学习兴趣,帮助学生理解和掌握知识,提高课堂教学时间的利用率。

3. 充分发挥校企合作的优势,积极组织学生参观造船企业,提高学生对船舶行业中机械基础应用场景的认识。

电工基础课程标准

▍课程名称

电工基础

▍适用专业

中等职业学校船舶机械装置安装与维修专业

一、 课程性质

电工基础是中等职业学校船舶机械装置安装与维修专业的一门专业核心课程,也是一门专业必修课程。其功能是使学生学会使用常用电工仪器仪表与电工工具,掌握电工技术的基础理论知识和基本技能。本课程是船舶机械装置安装与维修专业的通识课程,也是学生后续学习其他专业课程的基础。

二、 设计思路

本课程遵循任务引领、学以致用的原则,根据船舶机械装置安装与维修专业的工作任务与职业能力分析结果,以船舶机械装置安装与维修专业所需电工基础相关知识为依据而设置。

课程内容紧紧围绕船舶机械装置安装与维修所需的电工基础职业能力培养的需要,以"够用、实用、兼顾发展"为原则,选取了电工学的基础理论知识和基本技能,并融入船舶钳工和船舶管系工职业技能等级证书的相关考核要求。

课程内容组织遵循学生认知规律,以电工基本技能由易到难为主线,设计了安全用电操作与触电急救、常用电工元器件识别与常用电工测量仪表使用、导线连接、直流电路装接调试、正弦交流电路装接调试五个学习任务,以任务为引领,整合相关知识、技能与职业素养。

本课程建议学时数为 36 学时。

三、 课程目标

通过本课程的学习,学生能掌握电工学的基础理论知识和基本技能,学会使用常用电工仪器仪表与电工工具,测量小型电气设备工作状态值,完成本专业相关岗位的工作任务,达到船舶钳工和船舶管系工职业技能等级证书的相关考核要求,具体达成以下职业素养和职业能力目标。

(一)职业素养目标

● 严格遵守船舶行业规章制度,正确穿戴劳防用品。

● 具有严谨求实的科学态度和刻苦钻研的学习作风。

● 严格遵守安全用电规范,养成良好的电气安全操作习惯。

● 自觉遵守电工实训室操作规程,具有较强的安全意识和环保意识。

● 严格执行电工操作规程、规范和标准。

● 注重船舶建造过程中的细节,自觉遵守相关工艺标准,养成认真负责、严谨细致的工作习惯和静心专注、精益求精的工作态度。

(二)职业能力目标

● 能熟练进行触电急救。

● 能熟练使用常用电工仪器仪表与电工工具。

● 能识别与测试常用电工元器件。

● 能进行各种导线连接与电路组装。

● 能测量小型电气设备工作状态值。

● 能处理电气设备的简单故障。

四、 课程内容与要求

学习任务	技能与学习要求	知识与学习要求	参考学时
1. 安全用电操作与触电急救	1. 防雷与防静电 ● 能识别常用的防雷装置 ● 能采取人身防雷措施,通过接地、增湿、添加抗静电添加剂、安装静电中和器等措施防静电 2. 安全用电基本操作 ● 能使用不同种类的电气安全用具 ● 能正确识别安全标志	1. 雷电与静电的危害 ● 说出雷电的种类和危害 ● 记住常用的几种防雷装置 ● 说出静电产生的原因和危害 2. 安全用电基本要求 ● 记住国内外安全电压的数值 ● 记住不同种类的安全用具的使用方法和安全标志 ● 记住不同种类的电气事故的特性 ● 记住电气设备的接地和接零方法	2

（续表）

学习任务	技能与学习要求	知识与学习要求	参考学时
1. 安全用电操作与触电急救	● 能判别不同种类的电气事故 ● 能对电气设备进行接地和接零 ● 能进行电气防雷、防火、防爆处理 3. 触电现场处理 ● 能进行脱离电源操作 ● 能进行心肺复苏操作	● 说出电气防雷、防火、防爆的方法 3. 触电的危害和原因 ● 说出电流对人体的伤害 ● 记住安全电压和安全电流的数值 ● 说出触电的原因 4. 触电形式 ● 记住单相触电、两相触电、跨步电压触电的形式	
2. 常用电工元器件识别与常用电工测量仪表使用	1. 电路及其基本元器件的认知与测量 ● 能搭建简单的电路 ● 能识别电路基本元器件 ● 能使用色环表示法读出电阻器标称值 ● 能识读电容器的标识 2. 电工仪表的识别 ● 能识别电工仪表的常用符号 3. 基本电参数的测量 ● 能使用电流表测量电流 ● 能使用钳形电流表测量电流 ● 能使用电压表测量电压 ● 能使用万用表测量电阻、电压、电流 ● 能使用兆欧表测量电阻	1. 电路的构成 ● 说出电路的基本组成 ● 记住电路图的画法 ● 记住电路的工作状态（有载工作、开路、短路） 2. 电路的基本物理量 ● 简述电流的概念、大小、方向 ● 简述电压和电动势的概念、大小、方向 ● 简述电功率和电能的概念、大小、方向 3. 电阻、电容、电感的特性 ● 简述电阻的分类、主要参数、特性 ● 简述电容的分类、主要参数、特性 ● 简述电感的分类、主要参数、特性 4. 常用电工测量仪表 ● 说出电工测量仪表的种类 ● 记住常用电工测量仪表的结构和工作原理 ● 记住电流表、钳形电流表、电压表、万用表、兆欧表的使用方法	6
3. 导线连接	1. 电工常用工具的使用 ● 能使用剥线钳、电工刀、压线钳、老虎钳等专用工具对多种粗细不同的导线进行剥线和连接 2. 导线焊接 ● 能在印刷电路板上进行焊接镀锡铜线 ● 能识读电路图并在印刷电路板上装接元器件 ● 能使用电烙铁进行元器件的焊接 ● 能使用电烙铁、吸焊器等工具进行拆焊	1. 电工常用工具 ● 说出通用工具（验电器、钢丝钳、尖嘴钳、剥线钳、螺钉旋具、活动扳手、斜口钳、电工刀）的使用方法 ● 说出线路安装工具（錾、手电钻、冲击钻、管子钳、脚扣、安全带）的使用方法 ● 说出电烙铁、吸焊器的使用方法 2. 导线的种类和结构 ● 说出电工常用导线（电磁线、电力线）的种类和结构	4

（续表）

学习任务	技能与学习要求	知识与学习要求	参考学时
4. 直流电路装接调试	1. 欧姆定律的简单运用 ● 能进行电位和电位差的测量 ● 能进行串联电路、并联电路、混联电路的连接和测量 ● 能通过电路的测量验证流过电阻的电流与电阻两端的电压成正比，与电阻成反比的规律 ● 能通过电路的测量验证在一个闭合电路中，电流与电源的电动势成正比，与电路中内电阻和外电阻之和成反比的规律 2. 基尔霍夫定律的简单运用 ● 能按电路图连接电路 ● 能熟练使用万用表、直流电压表、电流表测量电参量 ● 能通过电路的测量验证电路中任意一个节点上，流入节点的电流之和等于流出该节点的电流之和的规律 ● 能通过电路的测量验证电路中任意一回路，沿回路绕行方向的各段电压的代数和为零的规律 3. 叠加定理的简单运用 ● 能按电路图连接电路 ● 能熟练使用万用表、直流电压表、电流表测量电参量 ● 能通过电路的测量验证线性电路中，任一支路的电流（或电压）可以看作电路中每个独立电源单独作用于电路时，在该支路产生的电流（或电压）的代数和的规律	1. 欧姆定律 ● 简述部分电路欧姆定律的原理 ● 简述全电路欧姆定律的原理 2. 电阻的串并联 ● 记住电阻串联电路的特点 ● 记住电阻并联电路的特点 ● 记住电阻混联电路的特点 ● 说出等效电路的画法 3. 电位的计算 ● 区分电压和电位的概念 ● 记住电路中电位的计算方法 4. 基尔霍夫定律 ● 记住支路、节点、回路、网孔的概念 ● 简述基尔霍夫电流定律的原理 ● 简述基尔霍夫电压定律的原理 5. 支路电流法和节点电压法 ● 说出支路电流法和节点电压法的计算方法 6. 叠加定理 ● 简述叠加定理的原理 ● 记住叠加定理的注意事项 7. 电压源和电流源 ● 记住电压源和电流源的概念 ● 说出电压源和电流源的等效变换方法	12

（续表）

学习任务	技能与学习要求	知识与学习要求	参考学时
5. 正弦交流电路装接调试	1. 正弦交流电信号的观察和测量 ● 能使用函数信号发生器输出正弦交流电信号 ● 能使用交流毫伏表测量正弦交流电压有效值 ● 能使用示波器观察和测量正弦交流电 2. 单相正弦交流电纯电阻、纯电感、纯电容电路的测量 ● 能按电路图连接电路 ● 能熟练使用函数信号发生器、交流毫伏表、双踪示波器测试电压与电流波形，并记录相关参数 3. 日光灯电路的连接和测量 ● 能按电路图连接电路 ● 能使用交流电压表、交流电流表测量电压和电流的数值 ● 能熟练使用功率表测量功率 4. 三相正弦交流电路的星形负载的连接和测量 ● 能按电路图连接电路 ● 能熟练使用交流电压表、交流电流表测量线电压、相电压、线电流、中线电流 5. 三相正弦交流电路的三角形负载的连接和测量 ● 能按电路图连接电路 ● 能熟练使用交流电压表、交流电流表测量线电压、相电压、线电流	1. 交流电的产生原理 ● 记住磁场和电磁感应的相关概念 ● 简述交流电的产生 2. 交流电的表示方法 ● 记住正弦交流电的三要素，即最大值、角频率、初相位 ● 说出正弦交流电的图像法的表示方法 ● 说出正弦交流电的解析法的表示方法 ● 说出正弦交流电的向量法的表示方法 3. 纯电阻元件的交流电路 ● 记住纯电阻正弦交流电路的表示方法 ● 说出纯电阻正弦交流电路的特点 4. 纯电感元件的交流电路 ● 记住纯电感正弦交流电路的表示方法 ● 说出纯电感正弦交流电路的特点 5. 纯电容元件的交流电路 ● 记住纯电容正弦交流电路的表示方法 ● 说出纯电容正弦交流电路的特点 6. RLC 串联电路及其谐振现象 ● 记住 RLC 串联电路相量图的画法 ● 记住 RLC 串联电路的阻抗的计算方法 ● 记住 RLC 串联电路的有功功率、无功功率、视在功率的计算方法 ● 说出 RLC 串联电路发生谐振现象的特点 7. RLC 并联电路及其谐振现象 ● 记住 RLC 并联电路相量图的画法 ● 记住 RLC 并联电路的阻抗的计算方法 ● 记住 RLC 并联电路的有功功率、无功功率的计算方法 ● 说出 RLC 并联电路发生谐振现象的特点 8. 日光灯电路 ● 说出日光灯的工作原理 ● 简述日光灯电路功率因数提高的意义和方法	12

（续表）

学习任务	技能与学习要求	知识与学习要求	参考学时
5. 正弦交流电路装接调试		9. 三相交流电路 ● 简述三相交流电的产生 ● 记住三相交流电动势的表示方法 ● 记住三相交流电的特征 ● 说出三相交流电路的星形负载、三角形负载的连接方法 ● 记住线电压、相电压的概念 ● 记住线电流、相电流的概念 10. 三相负载的星形连接电路 ● 说出三相负载的星形连接方法和特点 ● 记住三相负载电路的线电压与相电压、线电流与相电流之间的关系 11. 三相负载的三角形连接电路 ● 说出三相负载的三角形连接方法和特点 ● 记住三相负载电路的线电压与相电压、线电流与相电流之间的关系 12. 三相电路的功率 ● 记住三相电路的功率的计算方法	
合计			36

五、 实施建议

（一）教材编写与选用建议

1. 应依据本课程标准编写教材或选用教材，从国家和市级教育行政部门发布的教材目录中选用教材，优先选用国家和市级规划教材。

2. 教材应充分体现育人功能，紧密结合教材内容、素材，有机融入课程思政要求，使课程思政内容与专业知识、技能有机统一。

3. 树立以学生为中心的教材观，在设计教材结构和组织教材内容时应遵循中职学生认知特点与学习规律。

4. 教材表达必须精炼、准确、科学，以实用为主，体现电工基础课程的基础性和工具性。

5. 教材以学习任务为主线，融入船舶机械装置安装与维修相关工作岗位对职业能力和职业素养的要求，吸收职业技能竞赛对职业能力的要求并结合职业技能认定的要求，把握本课程的知识点和技能点,按照够用、实用、兼顾发展的原则,循序渐进地组织教材内容。

6. 教材在整体设计和内容选取时要注重引入船舶行业发展的新技术、新工艺、新方法、新设备,对接相应的船舶工人职业标准和岗位要求,增加创新内容,激发学生的学习兴趣,并吸收先进产业文化和优秀企业文化,创设或引入职业情境,增强教材的职场感。

7. 增强教材对学生的吸引力,编写时应图文并茂,提高学生的学习兴趣,加深学生对电工基础课程的认知。贴近学生生活,贴近职场,采用图片、图表、视频等去呈现内容,让学生在使用教材时有亲切感、真实感。

(二)教学实施建议

1. 培养学生的综合职业能力,激发学生的学习兴趣,充分利用教学挂图、多媒体资料等辅助教学,提高学生的感性认识。

2. 充分利用实物引导学生学习电路的安装与连接,让学生通过观察、装拆掌握其结构和工作原理。

3. 对于交流和直流电路的学习,建议结合实例,借助项目组织教学,配合一定的现场教学,坚持"做中学,做中教"。

4. 注重培养学生认真负责的工作态度、交流沟通和合作能力,促进学生良好职业素养的形成。

5. 对于典型系统故障部分的学习,建议结合实训模块安排,以现场教学为主,配合一定的多媒体教学手段。

(三)教学评价建议

1. 对于基础理论知识的评价,以课堂提问、作业检测、单元测试为主要方式,同时注重评价学生的实习态度,激发学生的学习主动性和积极性。

2. 对于实训的评价,采用教师评价、学生相互评价、学生自我评价相结合的方式,根据学生参与实训的态度、操作过程、实训结果给出相应的评价,加强对学生学习过程的考核与评价。

3. 逐步建立发展性考核与评价体系,采用过程性评价与结果性评价相结合的方式,既关注结果,又关注过程。可按过程性评价和结果性评价各占一定比例的办法计算总评成绩。

4. 可通过多种方式了解学生在课内外的学习行为、学习态度、学习方法,关注学生的发展潜能等,采用等级或分数评定与描述评定相结合的形式综合评价学生。

(四)资源利用建议

1. 注重实验实训指导书、实验实训教材的开发和应用。

2. 充分发挥现代化信息技术的优势,利用企业的资源,开发多媒体课件,创设生动的生产学习环境,激发学生的学习兴趣,帮助学生理解和掌握知识,提高课堂教学时间的利用率。

3. 充分发挥校企合作的优势,积极组织学生参观造船企业,提高学生对船舶行业中电工基础应用场景的认识。

钳加工课程标准

▌课程名称

钳加工

▌适用专业

中等职业学校船舶机械装置安装与维修专业

一、 课程性质

钳加工是中等职业学校船舶机械装置安装与维修专业船舶机装专业(技能)方向的一门专业技能课程,也是一门专业限定选修课程。其功能是使学生掌握钳工制作的基础理论知识和基本技能。本课程是学生后续学习其他专业课程的基础。

二、 设计思路

本课程遵循任务引领、理实一体、学以致用的原则,根据船舶机械装置安装与维修专业的工作任务与职业能力分析结果,以船舶钳工职业岗位需求为依据而设置。

课程内容紧紧围绕船舶机装所需的职业能力培养的需要,选取了划线涂色处理、台虎钳使用、锉削四面体、刃磨麻花钻、攻丝套丝、检测和测量工具使用等内容,遵循适度够用的原则,确定相关理论知识、专业技能与要求,并融入船舶钳工职业技能等级证书的相关考核要求。

课程内容组织遵循学生认知规律,以船舶钳工职业岗位需求为主线,设计了加工准备、工件划线、工件錾削、工件锯割、工件锉削、孔加工、螺纹加工、工件刮削和研磨加工、零件质量检测九个学习任务,以任务为引领,整合相关知识、技能与职业素养。

本课程建议学时数为 180 学时。

三、 课程目标

通过本课程的学习,学生能掌握船舶钳工的基础理论知识,掌握船舶零件加工技能,达到船舶钳工(四级)职业技能等级证书的相关考核要求,具体达成以下职业素养和职业能力目标。

(一)职业素养目标

● 具有踏实肯干、吃苦耐劳和爱岗敬业的精神。

- 严格执行工作程序、工作规范、工艺文件要求和安全操作规程。
- 爱护设备及工具、夹具、刀具、量具。
- 保持工作环境清洁有序,文明生产,着装整洁,符合规定。
- 具有团队协作能力、创造和革新能力。

(二) 职业能力目标

- 能按要求熟练进行工件划线和涂色。
- 能按要求熟练使用量具。
- 能按要求熟练进行工件錾削。
- 能按要求熟练进行工件锯割。
- 能按要求熟练进行工件锉削。
- 能按要求熟练使用砂轮机。
- 能按要求熟练进行钻孔、扩孔、锪孔、铰孔。
- 能按要求熟练进行工件刮削和研磨。
- 能按要求熟练进行零件质量检测。

四、 课程内容与要求

学习任务	技能与学习要求	知识与学习要求	参考学时
1. 加工准备	1. 安全防护 ● 能正确选用和穿戴劳防用品 ● 能根据生产现场逃生路线标志有组织地完成逃生模拟演练 ● 能进行一般的防火、消防操作 2. 文明生产 ● 能按规定处理"三废" ● 能完成整理、整顿、清扫、清洁、素养的 5S 工作 3. 识读零件图 ● 能判断零件的形状 ● 能识读零件尺寸、位置精度、几何精度和表面质量	1. 钳工操作规程 ● 简述钳工安全文明生产操作规程及其重要性 2. 安全防护用品 ● 简述常用急救用品、劳防用品的名称、用途和使用方法 3. 安全标志标识含义 ● 简述安全警示标志、安全逃生路线和标志的含义 4. 钳加工"三废"种类和处理方法 ● 举例说明钳加工"三废"种类和处理方法 5. 钳工 5S 工作实施要求 ● 举例说明钳工整理、整顿、清扫、清洁、素养的 5S 工作实施要求	6

（续表）

学习任务	技能与学习要求	知识与学习要求	参考学时
1. 加工准备	● 能识读零件技术要求 ● 能根据零件图的识读方法分析典型零件的结构 4. 钳工常用量具选用与维护保养 ● 能根据加工要求,选用钳工常用量具 ● 能规范使用不锈钢直尺、游标卡尺、千分尺、百分表等量具测量零件并正确读数 ● 能维护保养钳工常用量具	6. 零件图的识读方法 ● 说出完整零件图包含的内容 ● 说出零件图图形识读的主要方法 ● 说出零件图尺寸识读的主要方法 ● 说出零件图技术要求识读的主要方法 7. 钳工常用量具的种类、规格、应用场合 ● 简述钳工常用量具的种类和规格 ● 举例说明钳工常用量具的应用场合 8. 钳工常用量具的读数原理和测量方法 ● 简述钳工常用量具的读数原理和测量方法 9. 钳工常用量具的使用规范和维护保养方法 ● 简述钳工常用量具的使用规范 ● 举例说明钳工常用量具的维护保养方法	
2. 工件划线	1. 生产准备(准备毛坯) ● 能根据图纸要求,正确选用合理的毛坯件 ● 能根据加工要求,在划线前对毛坯进行清理 2. 涂色作业 ● 能根据加工要求,正确选用涂色剂的类型 ● 能对划线表面进行涂色处理,确保薄而均匀 3. 划线工具的选用 ● 能根据加工要求,正确选用划线工具 ● 能根据加工要求,正确选用划线基准工具 4. 选择划线基准 ● 能根据图纸选择划线基准 ● 能根据毛坯情况进行找正借料	1. 划线的类型和要求 ● 简述划线的概念和分类 ● 简述划线的作用和要求 2. 划线前的准备工作 ● 简述工件清理的工作内容 ● 简述工件涂色的工艺流程 ● 简述工件孔中装中心塞块的类型和作用 3. 常用划线工具的类型和功能 ● 简述划针、划线平台等常用划线工具的分类及其应用 ● 简述划针、划线平台等常用划线工具的应用和使用方法 4. 常用划线工具的使用方法 ● 简述划针、划规等常用划线工具的使用方法 ● 简述钢直尺、高度游标卡尺、万能角度尺、90°角尺、样冲的应用和使用方法	12

学习任务	技能与学习要求	知识与学习要求	参考学时
2. 工件划线	5. 零件划线 ● 能合理选用划线工具、量具、辅具完成平面划线和立体划线 6. 打样冲眼 ● 能使用样冲、锤子等工具在直线、曲线和交点上打样冲眼 ● 能调节冲眼的位置和角度 7. 划线质量检测 ● 能使用游标卡尺等常用量具检测划线的正确性,并做好测量记录	5. 划线基准选择方法 ● 简述基准的概念和作用 ● 简述平面划线、立体划线的分类和应用 6. 基本线条的划法 ● 简述划平行线、垂直线的方法和步骤 ● 简述划角度线、相切圆弧线的方法和步骤 7. 打样冲眼的作用和基本原则 ● 简述打样冲眼的作用和基本原则 8. 样冲的冲头角度参数和选择原则 ● 简述样冲的冲头角度参数 ● 举例说明样冲的冲头角度选择原则 9. 划线质量检测的方法和注意事项 ● 简述使用游标卡尺等常用量具进行划线质量检测的方法 ● 简述使用游标卡尺等常用量具进行划线质量检测的注意事项	
3. 工件錾削	1. 砂轮机的使用 ● 能规范操作砂轮机 ● 能维护保养砂轮机 2. 錾子刃磨 ● 能根据加工要求进行錾子的几何形状以及合理的切削角度修磨 3. 工件的装夹 ● 能根据零件夹持要求,选择安装台虎钳软、硬钳口 ● 能正确操作台虎钳 ● 能维护保养台虎钳 4. 錾削工件 ● 能选用正确的凿子对平面、键槽、油槽进行加工 5. 錾削质量检测 ● 能使用钢直尺、刀口角尺、游标卡尺等常用量具检测錾削的正确性,并做好测量记录	1. 砂轮机的结构、操作方法和安全操作规程 ● 说出砂轮机的主要结构、类别、型号、规格 ● 简述砂轮修磨的方法 ● 解释选择砂轮材质和粗细的理由 2. 錾子的刃磨要求 ● 简述常用錾子楔角、前角、后角的参数 ● 简述錾子刃磨时的操作注意事项 3. 台虎钳的结构和维护保养 ● 简述台虎钳的基本结构和工作原理 ● 简述台虎钳的维护保养方法 4. 錾削工具的种类 ● 列举常用錾削工具的种类和用途 5. 錾削的操作要求 ● 说出錾削角度的选择方法 ● 解释錾削运动和用力方式 6. 錾削检测的方法和注意事项 ● 简述平面錾削常用量具的使用方法 ● 简述使用键槽凿削常用量具检测的注意事项	18

（续表）

学习任务	技能与学习要求	知识与学习要求	参考学时
4. 工件锯割	1. 锯割工具的拆装 ● 能正确拆装锯条和锯弓 ● 能检查锯条松紧程度和相对位置 2. 工件的装夹 ● 能根据零件夹持要求，选择安装台虎钳软、硬钳口 ● 能根据扁钢、角方钢、棒料等零件种类，正确操作台虎钳进行夹持 3. 锯割工件 ● 能根据图纸要求，选择合适的锯条 ● 能根据零件种类，合理选择起锯位置 ● 能根据图纸要求，锯割扁钢、方钢、棒料等零件，确保加工精度 4. 锯割质量检测 ● 能使用游标卡尺等常用量具检测锯割的正确性，并做好测量记录	1. 锯割的加工原理和工艺特点 ● 简述锯割的加工原理和工艺特点 2. 锯割工具的种类、规格和用途 ● 简述锯割工具的种类、规格和用途 3. 锯割工具的结构和拆装方法 ● 简述锯条和锯弓的基本结构 ● 简述锯条的拆装方法 4. 锯割工件的夹持方法和注意事项 ● 举例说明常见零件种类的台虎钳夹持方法和注意事项 5. 锯条的选用原则 ● 举例说明锯条的选用原则 6. 锯割的姿势和握锯方法 ● 简述锯割的姿势和握锯方法 7. 起锯方式的特点和起锯角度的选择方法 ● 简述不同起锯方式的特点 ● 举例说明零件起锯角度的选择方法 8. 锯割压力与速度的选择方法 ● 简述锯割压力与速度的选择方法 9. 锯割注意事项和缺陷的产生原因 ● 简述锯割注意事项 ● 简述锯条折断、锯齿崩裂、锯缝不直或尺寸超差等缺陷的产生原因 10. 锯割检测的方法和注意事项 ● 简述游标卡尺等常用量具的使用方法 ● 简述使用游标卡尺等常用量具检测的注意事项	18
5. 工件锉削	1. 锉刀的选用与安装 ● 能根据加工表面大小、零件材料性质、加工精度和表面粗糙度、断面形状等要求，合理选用锉刀 ● 能拆装锉刀柄 2. 工件的装夹 ● 能根据零件夹持要求，选择安装台虎钳软、硬钳口	1. 锉削的加工原理和工艺特点 ● 简述锉削的加工原理和工艺特点 ● 说出不同工件表面的锉削方法和适用的工具 2. 锉刀的种类、规格和用途 ● 简述锉刀的种类、规格和用途 3. 锉刀的选用方法 ● 举例说明锉刀的选用方法 4. 锉刀柄的拆装方法	54

学习任务	技能与学习要求	知识与学习要求	参考学时
5. 工件锉削	● 能根据常见零件结构类型，正确操作台虎钳进行夹持 3. 锉削四面体 ● 能选用合适的平面锉削锉刀 ● 能运用正确的姿势，选择合适的锉削方法，锉削平面和垂直面 ● 能按图纸要求锉削四面体，确保零件尺寸精度、几何精度和表面粗糙度，纠正锉削缺陷 4. 锉削内外圆弧面 ● 能选择合适的内外圆弧面锉削锉刀 ● 能运用正确的姿势，选择合适的锉削方法，锉削内外圆角、倒圆角、圆弧面 ● 能按图纸要求锉削内外圆弧面，确保零件尺寸精度、几何精度和表面粗糙度 5. 锉削质量检测 ● 能利用游标卡尺进行零件尺寸检查 ● 能使用刀口角尺，运用透光法检测零件直线度、平面度、垂直度 ● 能使用 R 规和轮廓样板检测零件轮廓度 ● 能使用粗糙度样板检测零件粗糙度	● 简述锉刀柄的拆装方法 5. 台虎钳的结构和工作原理 ● 简述台虎钳的结构和工作原理 6. 锉削工件的夹持方法和注意事项 ● 简述常见零件结构类型的台虎钳夹持方法 ● 简述常见零件结构类型的台虎钳夹持注意事项 7. 简述锉削加工的种类和应用 ● 简述锉削加工的种类 ● 举例说明锉刀握法与锉刀大小的关系、锉削姿势与锉削质量和效率的关系 8. 锉削力与锉削速度的选择方法 ● 简述锉削力与锉削速度的选择方法 ● 解释不同锉纹对工件表面质量的影响 9. 平面锉削锉刀选择方法 ● 举例说明平面锉削锉刀选择方法 10. 平面锉削方法与锉削姿势 ● 举例说明平面锉削方法 ● 简述平面锉削姿势 11. 平面锉削注意事项和缺陷的产生原因 ● 简述平面锉削注意事项 ● 简述尺寸精度误差、表面粗糙度、划伤、变形等缺陷的产生原因 12. 内外圆弧面锉削锉刀选择方法 ● 举例说明内外圆弧面锉削锉刀选择方法 13. 内外圆弧面锉削方法与锉削姿势 ● 举例说明内外圆弧面锉削方法 ● 简述内外圆弧面锉削姿势 14. 内外圆弧面锉削注意事项和缺陷的产生原因 ● 简述内外圆弧面锉削注意事项 ● 简述尺寸精度误差、表面粗糙度、划伤、变形等缺陷的产生原因 15. 尺寸公差含义 ● 简述尺寸公差的定义 ● 解释上、下偏差的含义 16. 几何精度的定义 ● 简述形状公差、位置公差的含义 ● 简述几何公差值与尺寸精度等级的对应关系	

（续表）

学习任务	技能与学习要求	知识与学习要求	参考学时
6. 孔加工	1. 钻床操作与调整 ● 能根据加工要求，调整钻床工作高度和位置 ● 能根据加工要求，调节主轴转速 ● 能选用装夹工具装夹钻头 ● 能安全规范地操作钻床 2. 钻孔刀具的选用与刃磨 ● 能根据图纸要求，选择钻孔刀具的种类和规格 ● 能规范操作砂轮机并修整砂轮 ● 能按要求修磨麻花钻主切削刃、横刃、棱边 ● 能进行试钻，检测麻花钻刃磨质量 3. 工件的装夹 ● 能使用手持工件、机用平口钳装夹、压板装夹等方式装夹工件 4. 钻削加工 ● 能根据图纸要求，合理选用钻孔、排孔、配钻孔、扩孔、锪孔等钻削加工工艺 ● 能选择合适的切削用量，对零件进行钻孔、排孔、配钻孔、扩孔、锪孔加工 ● 能根据零件材料，选择合适的钻削加工切削液和合适的钻削刀具 5. 铰孔加工 ● 能计算出底孔的直径 ● 能使用手用铰刀铰孔 ● 能使用机用铰刀铰孔	1. 钻削的加工原理和工艺特点 ● 简述钻削的加工原理和工艺特点 2. 钻床的结构和种类 ● 简述钻床的结构和种类 3. 钻床的变速原理和调速方法 ● 简述钻床的变速原理和调速方法 4. 钻头的装夹工具种类和使用方法 ● 简述钻头的装夹工具种类 ● 举例说明钻夹头、钻头套等装夹工具的使用方法 5. 钻床的操作方法和安全操作规程 ● 简述钻床的操作方法和安全操作规程 6. 钻孔刀具的种类和用途 ● 简述常用钻孔刀具的种类和用途 7. 麻花钻的结构和优缺点 ● 简述麻花钻的结构和优缺点 8. 麻花钻的刃磨方法和注意事项 ● 简述麻花钻的刃磨方法 ● 简述麻花钻的刃磨注意事项 9. 工件的装夹方法和注意事项 ● 简述手持工件、机用平口钳装夹、压板装夹等工件的装夹方法 ● 简述手持工件、机用平口钳装夹、压板装夹等工件的装夹注意事项 10. 钻削加工的工艺过程 ● 简述钻孔、排孔、配钻孔等钻削加工的工艺过程 11. 钻削加工切削用量的选择原则 ● 举例说明钻孔切削速度、进给量、切削深度的选择原则 12. 切削液的作用和选择原则 ● 简述切削液的作用和选择原则 13. 钻削加工注意事项和缺陷的产生原因 ● 简述钻削加工注意事项	18

（续表）

学习任务	技能与学习要求	知识与学习要求	参考学时
6. 孔加工	● 能根据零件材料和图纸要求,选用切削液 6. 孔的质量检测 ● 能利用游标卡尺等量具进行钻孔尺寸检查 ● 能利用角尺、百分表等量具和辅助工具进行钻孔垂直度检查 ● 能利用通止规、刀口角尺等量具检测铰孔质量	● 简述钻头折断、切削刃磨损、孔径误差、孔壁粗糙、位置偏移、孔歪斜、孔不圆等缺陷的产生原因 14. 扩孔的注意事项 ● 简述扩孔前底孔钻头直径的确定方法 ● 简述扩孔时进给量的选择原则 15. 锪孔的注意事项 ● 简述锪孔时进给量、切削速度的选择原则 ● 简述把麻花钻改为锪孔钻的操作要点 16. 铰刀的分类和结构 ● 简述铰刀的分类和结构 17. 铰孔底孔直径计算方法 ● 举例说明铰孔底孔直径计算方法 18. 铰孔的操作方法 ● 简述铰孔余量的确定方法 ● 简述机铰切削速度、进给量的确定方法 19. 铰孔的注意事项 ● 简述铰削时冷却润滑的目的 ● 简述铰刀损坏原因和预防方法 20. 孔径尺寸和钻孔垂直度的检测方法 ● 简述孔径尺寸的检测方法 ● 简述钻孔垂直度的检测方法 21. 通止规的检测原理和检测方法 ● 简述通止规的检测原理 ● 简述通止规的检测方法	
7. 螺纹加工	1. 内螺纹加工 ● 能根据螺纹直径计算底孔直径 ● 能选用和安装丝锥进行攻丝 ● 能根据零件材料和图纸要求,选用切削液	1. 螺纹的主要参数和底孔直径的计算 ● 简述螺纹的主要参数和标记方法 ● 简述螺纹底孔直径的计算方法 2. 攻丝的加工原理和工艺特点 ● 简述攻丝的加工原理和工艺特点 3. 丝锥的种类、规格和用途 ● 简述丝锥的种类、规格和用途	12

（续表）

学习任务	技能与学习要求	知识与学习要求	参考学时
7. 螺纹加工	2. 外螺纹加工 ● 能根据螺纹直径确定套丝圆杆直径 ● 能选用和安装板牙进行套丝 ● 能根据零件材料和图纸要求，选用切削液 3. 螺纹加工质量检测 ● 能利用螺纹通止规、刀口角尺等量具检测攻丝质量	4. 攻丝的操作方法和注意事项 ● 简述起攻时的操作方法和注意事项 ● 简述丝锥折断原因和防止方法 5. 套丝的加工原理和工艺特点 ● 简述套丝的加工原理和工艺特点 6. 套丝的操作方法和注意事项 ● 简述套螺纹前圆杆直径的计算方法 ● 简述套螺纹时常见缺陷和板牙损坏原因 7. 螺纹通止规的检测原理和检测方法 ● 简述螺纹通止规的检测原理 ● 简述螺纹通止规的检测方法	
8. 工件刮削和研磨加工	1. 刮削工件 ● 能刃磨平面刮刀和曲面刮刀 ● 能根据工艺要求对工件进行平面刮削和曲面刮削 2. 研磨工件 ● 能正确选用研磨剂和研具 ● 能根据工艺要求研磨平面、外圆和内圆	1. 刮削的操作工艺 ● 简述刮削的概念、原理、作用、特点和种类 ● 简述刮削余量的选择和应用 ● 列举常用刮削工具的作用 ● 简述刮刀的几何角度对刮削加工的影响 2. 研磨的原理 ● 简述研磨的目的 ● 简述研磨的物理和化学作用 3. 研磨的工具和操作方法 ● 列举研具材料和种类 ● 简述研磨方法和余量的标准 4. 研磨的工艺和注意事项 ● 简述研磨的工艺和注意事项	30
9. 零件质量检测	1. 零件长度质量检测 ● 能用钢直尺、卷尺测量工件的尺寸 2. 零件尺寸质量检测 ● 能用游标卡尺、千分尺检测零件的内外径尺寸精度和深度尺寸精度	1. 钢直尺的类型和特点 ● 简述钢直尺的规格 ● 说明钢直尺的测量范围和精度 2. 游标卡尺的类型和特点 ● 简述游标卡尺的结构和主要类型 ● 解释游标卡尺的刻线原理和读数方法 3. 千分尺的类型和特点	12

（续表）

学习任务	技能与学习要求	知识与学习要求	参考学时
9. 零件质量检测	3. 零件角度质量检测 ● 能用角尺、万能角度尺、正弦规检测加工面角度精度 4. 零件表面和位置质量检测 ● 能用百分表、量块测量零件尺寸精度和形位精度	● 简述千分尺的结构和主要类型 ● 解释千分尺的刻线原理和读数方法 4. 百分表的类型和特点 ● 简述百分表的内外部结构和主要类型 ● 解释百分表读出微小长度变化量的原理和读数方法 5. 万能角度尺的类型和特点 ● 简述万能角度尺的结构和主要类型 ● 简述万能角度尺的刻线原理和读数方法 6. 万能角度尺的使用要求 ● 简述万能角度尺的测量范围 ● 简述角尺垂直度检查时的注意事项 7. 量块、正弦规的使用方法 ● 简述量块的分类、作用和使用方法 ● 简述正弦规的作用和使用注意事项	
合计			180

五、实施建议

（一）教材编写与选用建议

1. 应依据本课程标准编写教材或选用教材,从国家和市级教育行政部门发布的教材目录中选用教材,优先选用国家和市级规划教材。

2. 教材应充分体现育人功能,紧密结合教材内容、素材,有机融入课程思政要求,使课程思政内容与专业知识、技能有机统一。

3. 树立以学生为中心的教材观,在设计教材结构和组织教材内容时应遵循中职学生认知特点与学习规律。

4. 教材应充分体现任务引领、实践导向的课程设计思想,以实用为主,体现钳加工课程的基础性和操作性。

5. 以典型工作任务为载体,以岗位需要为原则,融入船舶机械装置安装与维修相关工作岗位对职业技能的要求,结合完成工作任务的需要和岗位操作规范,以职业能力为依据组织教材内容。

6. 教材应图文并茂,文字表述必须精炼、准确、科学,操作步骤清晰。创设或引入职业情境,吸收船舶航海产业文化和优秀企业文化,提高学生的学习兴趣,加深学生对钳加工的认识。

7. 教材应体现先进性、通用性、实用性，注重引入船舶行业发展的新技术、新工艺、新方法、新设备，使教材更贴近本专业的发展情况和实际需求。

（二）教学实施建议

1. 采用以行动为导向的教学模式，整合理论与实践，在教学过程中灵活采用多种教学方法。

2. 在教学前应根据学生学习情况划分平行小组，建议每小组 5 人，在小组内进行分层次教学，选拔优秀的学生担任组长，同时充当助教的角色。

3. 在项目教学法信息准备阶段，建议基于现实问题设计项目，使项目的目标、任务均与现实紧密联系。

4. 在计划阶段，主要由学生完成工作步骤综述、工作小组安排、权责分配、时间安排等任务。教师可以根据学生的学习情况为其分配不同复杂程度的学习任务，并根据学生的需要提供咨询服务。

5. 在教学过程中，教师必须对无法预料又细致的情境和问题做出反应并迅速思考有益的解决方案，发挥学生的主观能动性。

6. 教师应指导学习者完整地完成项目学习，并有机融入相关的知识、技能、职业道德、情感、态度。

（三）教学评价建议

1. 建议采用过程性评价与结果性评价相结合的方式评定学生的成绩。过程性评价关注课程学习情况、工作表现、图纸、工艺方案等。结果性评价关注说明书设计情况、答辩情况等。

2. 教师可以根据学生在各项目活动中的表现、任务完成情况对其进行评定。这种评定可以是描述性的，也可以采用程度、等级或数值的形式。

3. 在教学过程中，教师要根据学生参与情况、学习能力、考试成绩等做出客观评价。对于情感、态度与价值观等方面的指标，应由学生按指标要求自评，然后让学生以小组的形式开展互评，最后，教师根据学生自评与互评的结果，结合学生的考试成绩与作业完成情况，进行综合评定。

（四）资源利用建议

1. 注重实验实训指导书、实验实训教材的开发和应用。

2. 充分发挥现代化信息技术的优势，利用企业的资源，开发多媒体课件，创设生动的生产学习环境，激发学生的学习兴趣，帮助学生理解和掌握知识，提高课堂教学时间的利用率。

3. 深化产教融合，引导企业参与学校专业规划、教材开发、教学设计、课程设置、实习实训，把企业需求融入人才培养环节。推行面向企业真实生产环境的任务式培养模式，以建立企业冠名班、大师工作室、劳模工作室、校内生产性实训基地等方式，满足学生实习实训的需求，同时为学生的就业创造机会。

4. 充分利用公共开放式实训中心资源，将理论教学与技能实训融为一体，满足学生综合职业能力培养的要求。

5. 充分发挥校企合作的优势，积极组织学生参观造船企业，提高学生对船舶行业中钳加工应用场景的认识。

典型组件装配课程标准

▌课程名称

典型组件装配

▌适用专业

中等职业学校船舶机械装置安装与维修专业

一、 课程性质

典型组件装配是中等职业学校船舶机械装置安装与维修专业船舶机装专业(技能)方向的一门专业技能课程,也是一门专业限定选修课程。其功能是使学生掌握机械基础知识和典型组件装配的应用技能。本课程是零件加工课程的后续课程,也是学生后续学习其他专业课程的基础。

二、 设计思路

本课程遵循任务引领、理实一体、学以致用的原则,根据船舶机械装置安装与维修专业的工作任务与职业能力分析结果,以船舶钳工职业岗位所需的机械装配技能和机械基础知识为依据而设置。

课程内容紧紧围绕船舶机装所需的职业能力培养的需要,选取了双头螺栓装配、键连接装配、销连接绞配、轴承组件识别与拆装、皮带轮组件拆装、链轮和齿轮拆装、导向组件检测与调整等内容,遵循适度够用的原则,确定相关理论知识、专业技能与要求,并融入船舶钳工职业技能等级证书的相关考核要求。

课程内容组织遵循学生认知规律,以船舶钳工职业岗位需求为主线,设计了连接件装配、轴承组件装配、传动组件装配、导向组件装配四个学习任务,以任务为引领,整合相关知识、技能与职业素养。

本课程建议学时数为 180 学时。

三、 课程目标

通过本课程的学习,学生能掌握机械装配的基础理论知识,掌握典型组件装配和检测技能,达到船舶钳工(四级)职业技能等级证书的相关考核要求,具体达成以下职业素养和职业能力目标。

（一）职业素养目标

- 能遵循 6S 管理要求，保持工作台面清洁。
- 具有耐心细致的工作作风和严肃认真的工作态度。
- 具有吃苦耐劳的良好品德。
- 能遵守机械装配规范，合理编排装配工序，具有规范操作的意识。
- 具有认真负责、严谨细致的工作习惯和静心专注、精益求精的工作态度。
- 具有较强的人际交往和沟通能力，具有团队合作意识。

（二）职业能力目标

- 能按要求熟练进行螺纹的预紧和防松。
- 能按要求熟练辨别键的种类，完成装配。
- 能按要求熟练辨别轴承的种类，完成检测与拆装。
- 能按要求熟练辨别传动组件的类型，完成装配与调整。
- 能按要求熟练进行导向组件检测，完成装配与调整。

四、 课程内容与要求

学习任务	技能与学习要求	知识与学习要求	参考学时
1. 连接件装配	1. 装配双头螺栓 ● 能绘制螺纹连接结构图 ● 能安装与拆卸螺纹连接装置 ● 能查阅有关螺纹连接件的机械基础手册 ● 能按正确的拧紧顺序和合适的拧紧力矩完成螺纹连接 ● 能正确使用旋紧螺纹工具装配和拆卸螺钉螺母 2. 装配键连接 ● 能看懂图纸上的装配键类型 ● 能查阅有关键连接件的机械基础手册 ● 能按工艺要求拆装平键 ● 能按技术要求拆装楔键 ● 能按技术要求拆装花键 3. 绞配销连接 ● 能看懂图纸上的销类型 ● 能查阅有关销连接件的机械基础手册 ● 能按工艺要求铰配圆柱销 ● 能按工艺要求铰配圆锥销	1. 螺纹的参数 ● 简述普通螺纹的主要参数 ● 列举螺纹和螺纹件的类型 2. 螺纹的装配要求 ● 列举螺纹连接装配的主要工具 ● 简述螺纹连接装配技术和工艺 ● 列举螺纹连接防松装置 3. 键连接的拆装工艺 ● 简述键连接的结构、应用和类型 ● 简述平键、半圆键、楔键、切向键、花键的连接结构、特点和分类 ● 简述键连接的装配工艺流程和要点 4. 销连接的拆装工艺 ● 简述销连接的分类和作用 ● 简述圆柱销、圆锥销的装配工艺 ● 简述圆柱销、圆锥销拆卸时的注意事项	45

（续表）

学习任务	技能与学习要求	知识与学习要求	参考学时
1. 连接件装配	4. 拆装联轴器 ● 能看懂联轴器的装配图 ● 能识别刚性和绕性联轴器 ● 能查阅有关联轴器的机械基础手册 ● 能按工艺要求拆装、调整弹性联轴节和万向联轴器 5. 电磁离合器选择与读图 ● 能看懂电磁离合器的装配图 ● 能识别离合器的类型 ● 能查阅有关离合器的机械基础手册 ● 能按工艺要求拆装、调整电磁离合器的同轴度	5. 联轴器的结构特点和工作原理 ● 简述联轴器的结构特点 ● 简述联轴器的工作原理 6. 联轴器的拆装工艺和应用 ● 简述联轴器的拆装工艺流程和要点 ● 举例说明联轴器的应用 7. 离合器的结构特点和工作原理 ● 简述离合器的结构特点 ● 简述离合器的工作原理 8. 离合器的拆装工艺和应用 ● 简述离合器的拆装工艺流程和要点 ● 举例说明离合器的应用	
2. 轴承组件装配	1. 轴承的识别 ● 能区分滚动轴承和滑动轴承 ● 能识读滚动轴承的基本代号 2. 拆装滚动轴承 ● 能按操作工艺拆装滚动轴承 ● 能使用量具检测角接触轴承的游隙 ● 能根据检测结果选择合适的隔圈 ● 能解决轴承使用中的安装、维护、润滑等问题 3. 拆装滑动轴承 ● 能按操作工艺拆装滑动轴承 ● 能测量出轴承的间隙，判断滑动轴承的工作状态 ● 能根据轴承的间隙进行修刮与调整 4. 轴承的保养 ● 能根据轴承的代号找到对应的参数 ● 能解决轴承使用中维护、润滑等问题 ● 能根据轴的使用情况，及时进行调整与更换	1. 轴承的组成和特点 ● 简述轴承的组成 ● 简述轴承的特点 2. 轴承的类型和作用 ● 简述轴承的类型 ● 简述轴承的作用 3. 滚动轴承的类型和特点 ● 简述滚动轴承的结构和分类 ● 简述滚动轴承的安装和维护方法 ● 列举滚动轴承常见的失效形式 4. 滚动轴承的组成代号 ● 简述常用滚动轴承的组成代号 ● 简述常用滚动轴承代号表述的含义 5. 滑动轴承的类型和特点 ● 简述滑动轴承的结构和分类 ● 简述滑动轴承的特点 ● 简述滑动轴承的安装和维护方法	45

（续表）

学习任务	技能与学习要求	知识与学习要求	参考学时
3. 传动组件装配	1. 皮带轮组件的装配与调整 ● 能在设备上识别 V 带和带轮结构 ● 能拆装皮带轮组件 ● 能按工艺要求调整两个皮带轮的平面位置和皮带的紧松度 2. 链轮组件的装配与调整 ● 能在设备上识别链和链轮结构 ● 能拆装链轮组件 ● 能按工艺要求调整两个链轮的平面位置和链条的紧松度 3. 齿轮组件的装配与调整 ● 能在设备上识别齿轮传动结构 ● 能安装与拆卸动力箱的齿轮传动装置 ● 能安装与拆卸减速箱的圆锥齿轮传动装置 ● 能使用工具检测齿轮组件的接触精度和啮合间隙 4. 蜗轮蜗杆传动组件的装配与调整 ● 能在设备上识别蜗轮蜗杆传动结构 ● 能拆装蜗轮蜗杆机构 ● 能根据蜗轮蜗杆的啮合印痕，判断和调整蜗轮蜗杆的位置 5. 定轴轮系的装配与调整 ● 能识别变速箱中轴的类型 ● 能识别变速箱中轴的结构 ● 能拆装变速箱中的输入轴 ● 能拆装变速箱中的中间轴 ● 能拆装变速箱中的输出轴 ● 能根据工艺要求调整轴向窜动 ● 能根据工艺要求检测圆跳动 ● 能测绘制轴的零件图 6. 凸轮的装配与调整 ● 能根据工艺要求拆装圆柱凸轮组件 ● 能分析凸轮机构的运动流程	1. 带传动的类型与工作原理 ● 说出带传动的构成、工作原理、类型和适用范围 ● 说出带传动的特点和常用的材料 ● 辨认 V 带和带轮结构 2. 带传动装配工艺 ● 列举带传动主要的失效形式 ● 说出安装和维护带传动的方法 ● 说出带传动常见故障的排除方法 3. 链传动的类型与工作原理 ● 说出链传动的构成、工作原理、类型和适用范围 ● 简述链传动装置拆装工具及其选取、使用原则 ● 辨认链条结构 4. 链传动的拆装工艺 ● 简述链传动的拆装程序和工艺 ● 说出链传动装置中零件的配合关系及其安装、调整过程 5. 齿轮传动的特点 ● 列举齿轮传动的特点、类型和适用范围 ● 辨认直齿圆柱齿轮各部分的名称、定义和符号 ● 说出直齿圆柱齿轮的基本参数 6. 齿轮的啮合条件 ● 说出齿轮的结构和常用的材料 ● 列举渐开线齿轮的加工方法 ● 列举齿轮传动主要的失效形式 7. 拆装齿轮工艺 ● 简述齿轮传动机构的装配技术要求 ● 简述圆柱齿轮传动机构的装配步骤 ● 简述啮合质量检测的方法 8. 蜗轮蜗杆传动的特点与应用 ● 简述蜗轮蜗杆传动的特点	45

（续表）

学习任务	技能与学习要求	知识与学习要求	参考学时
3. 传动组件装配	● 能使用量具测量凸轮的参数 ● 能根据设备的运转情况,测量凸轮的参数	● 举例说明蜗轮蜗杆传动的应用 9. 蜗轮蜗杆传动的类型与工作原理 ● 简述蜗轮蜗杆传动的类型 ● 简述蜗轮蜗杆传动的工作原理 10. 蜗轮蜗杆传动的旋向判定法则 ● 简述蜗轮蜗杆传动的旋向判定法则 11. 蜗轮蜗杆的装配要求 ● 简述蜗轮蜗杆的拆装工艺 ● 简述通过啮合印痕调整蜗轮蜗杆啮合位置的方法 12. 定轴轮系的类型与传动比 ● 简述定轴轮系的类型 ● 举例说明定轴轮系传动比的计算方法 13. 变速箱的组成与功能 ● 简述变速箱的组成 ● 举例说明变速箱各组成部分的功能 14. 变速箱中轴的拆装步骤 ● 简述拆装变速箱中输入轴、中间轴和输出轴的步骤 15. 凸轮机构的组成与特点 ● 简述凸轮机构的组成 ● 简述凸轮机构的特点 16. 凸轮机构的类型与工作原理 ● 简述凸轮机构的类型 ● 简述凸轮机构的工作原理 17. 凸轮机构的主要参数与应用 ● 简述凸轮机构的主要参数 ● 举例说明凸轮机构的应用	

(续表)

学习任务	技能与学习要求	知识与学习要求	参考学时
4. 导向组件装配	1. 直线导轨的安装与调整 ● 能在设备上识别直线导轨的结构 ● 能读懂装配图中导轨的基准位置 ● 能正确使用量具测量导向组件的误差 ● 能根据工艺要求,调整直线导轨直线度 ● 能根据工艺要求,调整直线导轨平行度 ● 能根据工艺要求,选择合适的扭矩锁紧直线导轨 2. 传动丝杆的安装与调整 ● 能调整传动丝杆与两导轨间平行度和对称度 ● 能采用正确的方法,检测传动丝的等高误差 ● 能根据检测结果,调整传动丝杆轴线的等高误差 ● 能采用正确的方法,检测传动丝的平行误差 ● 能根据检测结果,调整传动丝杆轴线的平行误差 ● 能采用正确的方法,检测传动丝的对称误差 ● 能根据检测结果,调整传动丝杆轴线的对称误差 ● 能根据工艺要求,选择合适的扭矩锁紧传动丝杆	1. 直线导轨的特点 ● 简述直线导轨的定义和分类 ● 简述直线导轨的结构和工作原理 2. 滚珠丝杠的特点 ● 简述滚珠丝杠的定义、功能、结构和工作原理 ● 简述滚珠丝杠的循环方式 ● 简述滚珠丝杠的特点 3. 导向组件校正方法 ● 列举导向组件校正工具 ● 简述直线导轨的校直步骤和注意事项	45
合计			180

五、 实施建议

(一) 教材编写与选用建议

1. 应依据本课程标准编写教材或选用教材,从国家和市级教育行政部门发布的教材目录中选用教材,优先选用国家和市级规划教材。

2. 教材应充分体现育人功能,紧密结合教材内容、素材,有机融入课程思政要求,使课程思政内容与专业知识、技能有机统一。

3. 树立以学生为中心的教材观,在设计教材结构和组织教材内容时应遵循中职学生认知特点与学习规律。

4. 教材应充分体现任务引领、实践导向的课程设计思想,以实用为主,体现典型组件装配课程的基础性和操作性。

5. 以典型工作任务为载体,以岗位需要为原则,融入船舶机械装置安装与维修相关工作岗位对职业技能的要求,结合完成工作任务的需要和岗位操作规范,以职业能力为依据组织教材内容。

6. 教材应图文并茂,文字表述必须精炼、准确、科学,操作步骤清晰。创设或引入职业情境,吸收船舶航海产业文化和优秀企业文化,提高学生的学习兴趣,加深学生对典型组件装配的认识。

7. 教材应体现先进性、通用性、实用性,注重引入船舶行业发展的新技术、新工艺、新方法、新设备,使教材更贴近本专业的发展情况和实际需求。

（二）教学实施建议

1. 以工作任务为引领,采用项目化教学方法,注重"做中学、做中教",把理论与实践融为一体。

2. 教师在理实一体化教室进行教学,引导学生以小组为单位完成学习模块项目任务,采用"行动导向"教学模式。

3. 教学过程以"技术先进和实用,理论必需和够用"为原则,紧扣项目进行理论讲解,尽量使用实物零件、教学软件、录像等进行教学。

4. 严格按照操作指导进行训练,结合真实的工作环境,把"6S"活动贯穿学习过程的始终。

5. 严格遵守常用通用机械装配与调试规程要求,以现场教学为主,使学生养成严格遵守工艺规程的习惯。

（三）教学评价建议

1. 采用学生自评、学生互评和教师评价相结合的评价方法,注重对学生学习过程的考核。

2. 理论考试与技能考核相结合,理论考试重点考查学生运用知识解决实际问题的能力,技能考核重点考查学生的技能掌握情况。

3. 注重对学生规范操作、安全文明操作、节能环保、爱护工具设备等方面的考核。

(四) 资源利用建议

1. 注重实验实训指导书、实验实训教材的开发和应用。

2. 充分发挥现代化信息技术的优势,利用企业的资源,开发多媒体课件,创设生动的生产学习环境,激发学生的学习兴趣,帮助学生理解和掌握知识,提高课堂教学时间的利用率。

3. 深化产教融合,引导企业参与学校专业规划、教材开发、教学设计、课程设置、实习实训,把企业需求融入人才培养环节。推行面向企业真实生产环境的任务式培养模式,以建立企业冠名班、大师工作室、劳模工作室、校内生产性实训基地等方式,满足学生实习实训的需求,同时为学生的就业创造机会。

4. 充分利用公共开放式实训中心资源,将理论教学与技能实训融为一体,满足学生综合职业能力培养的要求。

5. 充分发挥校企合作的优势,积极组织学生参观造船企业,提高学生对船舶行业中典型组件装配应用场景的认识。

柴油机装配与维修课程标准

▌课程名称

柴油机装配与维修

▌适用专业

中等职业学校船舶机械装置安装与维修专业

一、 课程性质

柴油机装配与维修是中等职业学校船舶机械装置安装与维修专业船舶机装专业（技能）方向的一门专业技能课程，也是一门专业限定选修课程。其功能是使学生掌握船舶柴油机拆装、运行、检测、维修的应用技能。本课程是学生后续学习其他专业课程的基础。

二、 设计思路

本课程遵循任务引领、理实一体、学以致用的原则，根据船舶机械装置安装与维修专业的工作任务与职业能力分析结果，以船舶钳工职业岗位所需的柴油机安装和维护技能为依据而设置。

课程内容紧紧围绕船舶机装所需的职业能力培养的需要，选取了"四冲程、二冲程柴油机工作原理和特点"和"船舶柴油机主要零部件的分解、安装、检测和调试"等内容，遵循适度够用的原则，确定相关理论知识、专业技能与要求，并融入船舶钳工职业技能等级证书的相关考核要求。

课程内容组织遵循学生认知规律，以船舶柴油机装配与维修主要工作任务为主线，设计了船舶柴油机认知、船舶柴油机主要零部件分解、船舶柴油机主要零部件检查和维修、工作系统检测和调整、柴油机调试五个学习任务，以任务为引领，整合相关知识、技能与职业素养。

本课程建议学时数为 180 学时。

三、 课程目标

通过本课程的学习，学生能掌握船舶钳工的基础理论知识，掌握船舶柴油机拆装、检测、调试等技能，达到船舶钳工和船舶管系工职业技能等级证书的相关考核要求，具体达成以下职业素养和职业能力目标。

（一）职业素养目标

- 具有辩证思维的能力。

- 具有科学精神、求真务实的学风和创新意识。

- 具有严格遵守船舶柴油机运行和维护操作规范的意识。

- 具有认真负责、严谨细致的工作习惯和静心专注、精益求精的工作态度。

- 具有强烈的安全意识和良好的安全操作习惯。

- 具有较强的人际交往和沟通能力，具有团队合作意识。

（二）职业能力目标

- 能按要求熟练拆装船舶柴油机。

- 能按要求熟练分解船舶柴油机主要零部件。

- 能按要求熟练检测和维修船舶柴油机主要零部件。

- 能按要求熟练检测和调整船舶柴油机工作系统。

- 能按要求熟练调试柴油机。

四、 课程内容与要求

学习任务	技能与学习要求	知识与学习要求	参考学时
1. 船舶柴油机认知	1. 识别船舶柴油机 ● 能识别船舶柴油机的型号 ● 能识别船舶柴油机的固定部件 ● 能识别船舶柴油机的活动部件 ● 能识别船舶柴油机的曲柄连杆机构 ● 能识别船舶柴油机的配气机构 ● 能识别船舶柴油机的传动机构	1. 船舶柴油机的类型和工作原理 ● 简述船舶柴油机的工作原理、作用、基本术语和型号 ● 简述船舶柴油机的主要性能指标 ● 简述四冲程、二冲程柴油机的工作原理和特点 2. 船舶柴油机的结构和组成 ● 说出船舶柴油机的结构特点 ● 简述曲柄连杆机构的组成 ● 简述配气机构、燃油供给系统的组成	30
2. 船舶柴油机主要零部件分解	1. 分解四冲程柴油机零部件 ● 能正确使用船舶柴油机拆装常用工具 ● 能正确使用船舶柴油机拆装专用工具 ● 能拆卸四冲程柴油机气缸盖 ● 能安装四冲程柴油机气缸盖	1. 船舶柴油机的拆装技术和安全规则 ● 列举船舶柴油机的拆装常用工具和专用工具 ● 简述船舶柴油机拆装程序和准备工作 ● 简述船舶柴油机拆装的注意事项 2. 船舶柴油机的主要零部件	36

（续表）

学习任务	技能与学习要求	知识与学习要求	参考学时
2. 船舶柴油机主要零部件分解	● 能拆卸四冲程柴油机气缸套 ● 能安装四冲程柴油机气缸套 ● 能拆卸四冲程柴油机活塞 ● 能安装四冲程柴油机活塞 ● 能拆卸四冲程柴油机连杆组件 ● 能安装四冲程柴油机连杆组件	● 简述船舶柴油机主要零部件的功能、材料和构造 ● 简述船舶柴油机主要零部件的拆卸和解体步骤 ● 简述船舶柴油机主要零部件拆解后的清洁步骤	
3. 船舶柴油机主要零部件检查和维修	1. 检修气缸盖 ● 能正确使用量具和专用检具 ● 能根据柴油机使用说明书的相关规定检测气缸盖裂纹 ● 能根据柴油机使用说明书的相关规定修理气缸盖裂纹 2. 测量气缸套 ● 能正确使用内径百分表 ● 能根据气缸的直径选择合适的测量接杆 ● 能对量具进行校对 ● 能根据检测工艺进行内圆工作面磨损情况的测量 ● 能根据气缸套磨损测量值，计算出圆度、圆柱度误差 ● 能根据勘验情况和技术规范修复或给出修理方案 3. 检修气阀 ● 能正确使用量具和专用检具 ● 能根据柴油机使用说明书的相关规定检测气阀机构 ● 能根据柴油机使用说明书的相关规定拆卸气阀机构 ● 能根据柴油机使用说明书的相关规定进行气阀的密封性试验 ● 能根据柴油机使用说明书的相关规定进行气阀与阀座互研 4. 检修活塞组件 ● 能正确使用专用工具拆卸活塞环 ● 能测量出活塞环的端口间隙 ● 能测量出活塞环的天地间隙 ● 能测量出活塞环的弯曲度扰度 ● 能测量出活塞的外径尺寸并判断其磨损情况 ● 能测量连杆轴瓦的接触情况 ● 能根据柴油机组件装配技术要求进行组件装配和间隙调整	1. 气缸盖的检修方法 ● 列举检测量具和专用检具 ● 简述气缸盖裂纹检查和修理方法 ● 列举气阀机构的损坏现象 2. 气缸套的检测要求 ● 简述气缸套内圆工作面磨损的测量步骤 ● 简述内径百分表的使用方法 ● 解释缸套内径圆度、圆柱度计算方法 3. 活塞的检修方法 ● 简述活塞裂纹、活塞烧蚀的检测方法 ● 简述活塞外圆直径、活塞销孔、活塞环磨损、活塞与气缸套配合间隙、活塞销孔的测量方法 ● 简述活塞环修配流程 4. 轴承的检修方法 ● 简述主轴瓦表面损伤检修方法 ● 简述主轴承磨损检修方法	54

（续表）

学习任务	技能与学习要求	知识与学习要求	参考学时
4. 工作系统检测和调整	1. 检测和调整工作系统 ● 能根据柴油机使用说明书的相关规定检测和调整气阀间隙 ● 能根据柴油机使用说明书的相关规定检测和调整气阀定时 ● 能根据柴油机使用说明书的相关规定检测和调整气阀升程 ● 能用正确的操作方法检测和调整喷油泵的喷油定时 ● 能用正确的操作方法检测和调整喷油泵的喷油量 ● 能用正确的操作方法检测和调整喷油泵的喷油雾化	1. 气阀配气机构的检测和调整步骤 ● 简述气阀间隙的定义和作用 ● 简述气阀间隙的检测和调整原则 ● 简述气阀定时受到影响的原因和调整方法 2. 喷油泵的操作要求 ● 简述喷油泵密封性检查的内容和方法 ● 简述喷油泵试验与调整方法 ● 简述雾化质量检验方法	30
5. 柴油机调试	1. 检查船舶柴油机滑油系统 ● 能根据柴油机动车要求检查滑油系统的仪表 ● 能根据柴油机动车要求检查滑油系统的参数 ● 能根据柴油机动车要求检查滑油系统的滤网 2. 检查船舶柴油机冷却系统 ● 能根据柴油机动车要求检查冷却系统的仪表 ● 能根据柴油机动车要求检查冷却系统的参数 ● 能根据柴油机动车要求检查冷却系统的页面 3. 检查船舶柴油机燃油系统 ● 能根据柴油机动车要求检查燃油系统的仪表 ● 能根据柴油机动车要求检查燃油系统的参数 ● 能根据柴油机动车要求检查燃油系统的滤网 4. 检查船舶柴油机增压系统 ● 能根据柴油机动车要求检查增压系统的仪表 ● 能根据柴油机动车要求检查增压系统的参数 ● 能根据柴油机动车要求检查增压系统的异响	1. 柴油机启动准备工作步骤 ● 简述柴油机动车安全工作的内容 ● 简述暖机的步骤 ● 简述滑油系统、冷却系统、燃油系统、增压系统的准备工作 ● 简述盘车的步骤 2. 参数检测和调整的操作要求 ● 简述滑油系统、冷却系统、燃油系统、增压系统的监测和参数调整方法 3. 船舶柴油机故障及应急处理步骤 ● 简述封缸运行的三种情况和可以采取的措施 ● 简述拉缸和敲缸的定义、分类、原因及应急处理办法 ● 简述扫清箱故障、曲轴箱故障、涡轮增压器故障产生的原因及应急处理办法 ● 简述连杆螺栓断裂的原因及应急处理办法	30
合计			180

五、 实施建议

（一）教材编写与选用建议

1. 应依据本课程标准编写教材或选用教材，从国家和市级教育行政部门发布的教材目录中选用教材，优先选用国家和市级规划教材。

2. 教材应充分体现育人功能，紧密结合教材内容、素材，有机融入课程思政要求，使课程思政内容与专业知识、技能有机统一。

3. 树立以学生为中心的教材观，在设计教材结构和组织教材内容时应遵循中职学生认知特点与学习规律。

4. 教材应充分体现任务引领、实践导向的课程设计思想，以实用为主，体现柴油机装配与维修课程的专业性和系统性。

5. 以典型工作任务为载体，以岗位需要为原则，融入船舶机械装置安装与维修相关工作岗位对职业技能的要求，结合完成工作任务的需要和岗位操作规范，以职业能力为依据组织教材内容。

6. 教材应图文并茂，文字表述必须精炼、准确、科学，操作步骤清晰。创设或引入职业情境，吸收船舶航海产业文化和优秀企业文化，提高学生的学习兴趣，加深学生对柴油机装配与维修的认识。

7. 教材应体现先进性、通用性、实用性，注重引入船舶行业发展的新技术、新工艺、新方法、新设备，使教材更贴近本专业的发展情况和实际需求。

（二）教学实施建议

1. 推行"校企合作、工学结合"的人才培养模式，深化与中国船舶集团、中国船舶工业集团等造船企业的合作，实现学习领域与工作领域一致，学习过程与工作过程一致，学习任务与工作任务一致，在专业教育的过程中完成职业化的基本训练。实施"校企双驱、知行合一"的职业素质教育模式，实现职业技能培养与职业素质养成的有机融合，确保专业人才培养质量。

2. 坚持"项目驱动、任务导向、学做一体"的教学理念，结合本专业所对应的职业岗位（群）的工作任务和任职所需的专业能力、方法能力、社会能力，确定各学习领域课程的能力目标、知识目标、素质目标，并制定相应的课程标准，分类组织实施工学结合一体化课程、综合实训、岗位实习等。

3. 以项目为教学载体，以学生为学习主体，让学生在完成学习任务的过程中学习知识，以讨论、演示、启发、鼓励等方式进行教学，培养学生独立自主工作的能力，引导学生灵活运用理论知识。

4. 尽可能运用信息技术来组织教学。船舶柴油机是一种零件多、结构复杂、维护管理要求高的设备,运用传统的教学手段难以达到教学效果,教师可以通过拍摄图片、搜集相关资料、制作动画等方法把复杂的柴油机结构和系统一一展现出来,提高教学质量和课堂效率。

5. 运用案例式和启发式教学方法。如落实柴油机供油定时的检查与调整教学任务时,教师可以采用案例分析法,借助"提出问题—列出解决问题所需的知识点—逐一分析和讲解知识点—总结"的流程促进学生学习。

6. 开展体验性学习,提升学生的职业技能,培育学生的职业素养。在学习柴油机的主要零部件前,安排学生到自动化船舶机舱现场学习,有助于学生对本课程将要学习的船舶柴油机的基本原理、结构、系统、装置、运行管理以及船舶环境建立感性认识,为学好本课程奠定基础。学习过程中,理论环节与实训环节同步安排。理论环节充分运用现代信息技术改革教学方法,多媒体教学与现场教学相结合。实训环节紧随理论教学内容的进程安排。实训环节包括现场课和集中的训练课。教师把现场课放在实训室,把教学内容变抽象为具体。面对实船设备和被剖切的零部件,学生会主动学习构造、用途、操作方法、使用注意事项,从而提高学习兴趣。集中的训练课由教师安排学生分组训练,通常每组 10 至 12 人,通过教师示范指导、小组协作训练、学生独立作业来提高学生的实践技能。一是教师示范指导。教师亲自操作,演示正确的操作方法和讲解有关注意事项,手把手向学生传授实践技能。二是小组协作训练。根据不同教学内容,安排学生分组进行协作训练,开展角色模拟活动,使学生提前适应职业岗位,实施任务驱动,培养学生的团队合作意识和团队协作能力。三是学生独立作业。所有训练科目要求学生在小组协作训练的基础上,独立完成作业任务,从而理论紧密联系实际,提高学习效果。

(三)教学评价建议

课程的考试成绩采用百分制,由课程学习的过程性考核成绩和期末课程终结性考核成绩组成。其中,课程学习的过程性考核成绩占总成绩的 40%,由以下几部分成绩组成:(1)课程学习的平时考核成绩,包括课堂考勤、学习态度、作业、课堂互动等,占总成绩的 10%;(2)课程学习的阶段性考核成绩,如单元测验,占总成绩的 10%;(3)课程实训(验)项目成绩,占总成绩的 20%,实践教学考核采用评估题卡的方式,每张评估题卡包括实践题目、评分要素、评分标准等内容。期末课程终结性考核成绩占总成绩的 60%,采用闭卷笔试的方式进行,考试时间为 120 分钟。

(四)资源利用建议

1. 注重实验实训指导书、实验实训教材的开发和应用。

2. 充分发挥现代化信息技术的优势,利用企业的资源,开发多媒体课件,创设生动的生产学习环境,激发学生的学习兴趣,帮助学生理解和掌握知识,提高课堂教学时间的利用率。

3. 深化产教融合,引导企业参与学校专业规划、教材开发、教学设计、课程设置、实习实训,把企业需求融入人才培养环节。推行面向企业真实生产环境的任务式培养模式,以建立企业冠名班、大师工作室、劳模工作室、校内生产性实训基地等方式,满足学生实习实训的需求,同时为学生的就业创造机会。

4. 充分利用公共开放式实训中心资源,将理论教学与技能实训融为一体,满足学生综合职业能力培养的要求。

5. 充分发挥校企合作的优势,积极组织学生参观造船企业,提高学生对船舶行业中柴油机装配与维修应用场景的认识。

船舶辅机与轴系安装课程标准

▎课程名称

船舶辅机与轴系安装

▎适用专业

中等职业学校船舶机械装置安装与维修专业

一、 课程性质

船舶辅机与轴系安装是中等职业学校船舶机械装置安装与维修专业船舶机装专业(技能)方向的一门专业技能课程,也是一门专业限定选修课程。其功能是通过完成船用泵和空气压缩机检修与调试、甲板机械安装与调试、船舶辅助锅炉安装与调试、油水净化装置安装与调试、制冷和空调安装与调试、船舶轴系安装与校中等学习任务,使学生掌握船舶辅机与轴系安装的应用技能。本课程是专业核心课程的深化与提高。

二、 设计思路

本课程遵循任务引领、理实一体、学以致用的原则,根据船舶机械装置安装与维修专业的工作任务与职业能力分析结果,以船舶辅机与轴系安装相关工作任务为依据而设置。

课程内容紧紧围绕船舶机装所需的职业能力培养的需要,选取了船用泵、空气压缩机、液压锚机、液压起货机、液压舵机、油水净化装置、制冷和空调安装与调试、轴系理论中心线、轴系对中工艺等内容,遵循适度够用的原则,确定相关理论知识、专业技能与要求,并融入船舶钳工职业技能等级证书的相关考核要求。

课程内容组织遵循学生认知规律,以船舶钳工职业岗位需求为主线,设计了船用泵和空气压缩机检修与调试、甲板机械安装与调试、船舶辅助锅炉安装与调试、油水净化装置安装与调试、制冷和空调安装与调试、船舶轴系安装与校中六个学习任务,以任务为引领,整合相关知识、技能与职业素养。

本课程建议学时数为 180 学时。

三、 课程目标

通过本课程的学习,学生能掌握船舶机装的基础理论知识,掌握船舶辅机、甲板机械、辅助锅炉、制冷和空调的安装与调试技能,同时具备船舶轴系安装与校正技能,达到船舶钳工和船舶管系工职业技能等级证书的相关考核要求,具体达成以下职业素养和职业能力目标。

(一)职业素养目标

- 具有一定的独立思考能力。

- 具有提出问题、分析问题、解决问题的能力。

- 具有创新、与人合作的能力。

- 具有勤于思考、刻苦钻研、虚心请教、踏实求真的精神。

- 具有认真负责、严谨细致的工作习惯和静心专注、精益求精的工作态度。

- 具有强烈的安全意识和良好的安全操作习惯。

- 具有较强的人际交往和沟通能力,具有团队合作意识。

(二)职业能力目标

- 能按要求熟练检修与调试船用泵。

- 能按要求熟练检修与调试空气压缩机。

- 能按要求熟练安装液压锚机、液压起货机、液压舱口盖和液压舵机。

- 能按要求熟练安装与调试燃油锅炉和废气锅炉。

- 能按要求熟练安装与调试油水净化装置。

- 能按要求熟练安装与调试制冷和空调。

- 能按要求熟练完成船舶轴系安装与校中。

四、 课程内容与要求

学习任务	技能与学习要求	知识与学习要求	参考学时
1. 船用泵和空气压缩机检修与调试	1. 识别船舶辅机 ● 能根据设备功能识别船舶辅机 ● 能根据设备外形识别船舶辅机 2. 识别船用泵 ● 能根据设备功能识别船用泵 ● 能根据设备外形识别船用泵 3. 检修船用泵 ● 能按技术规范检修往复泵 ● 能按技术规范检修回转泵	1. 船舶辅机的特点 ● 简述船舶辅机的定义和分类 ● 简述典型船舶辅机的功能 ● 简述船舶辅机的工作过程 2. 船用泵的特点 ● 简述船用泵的功能和分类 ● 列举船用泵的性能参数 ● 简述船用泵正常工作的条件 3. 往复泵的特点 ● 简述往复泵的功能、特点、分类、结构和工作原理	30

（续表）

学习任务	技能与学习要求	知识与学习要求	参考学时
1. 船用泵和空气压缩机检修与调试	● 能按技术规范检修离心泵 4. 装配与调试船用泵 ● 能按技术要求装配与调试往复泵 ● 能按技术要求装配与调试回转泵 ● 能按技术要求装配与调试离心泵 5. 检修与调试空气压缩机 ● 能按技术规范检修活塞式空气压缩机主要零部件 ● 能按技术要求装配与调试活塞式空气压缩机	● 简述往复泵检修拆卸和装配步骤及注意事项 ● 简述往复泵常见故障现象、原因和处理方法 4. 回转泵的特点 ● 简述回转泵的功能、特点、分类、结构和工作原理 ● 简述回转泵检修拆卸和装配步骤及注意事项 ● 简述回转泵常见故障现象、原因和处理方法 5. 离心泵的特点 ● 简述离心泵的常见结构形式和工作原理 ● 简述机械密封的作用和原理 ● 简述离心泵常见故障现象、原因和处理方法 6. 空气压缩机的特点 ● 简述空气压缩机的功能、分类、工作原理、主要参数 ● 简述空气压缩机的典型结构和主要部件 ● 简述空气压缩机常见故障现象、原因和处理方法	
2. 甲板机械安装与调试	1. 定位安装液压锚机 ● 能按技术要求协助定位液压锚机 ● 能按工艺规范协助安装液压锚机 2. 调试液压锚机 ● 能按技术要求协助调试液压锚机 3. 定位安装液压起货机 ● 能按技术要求协助定位液压起货机 ● 能按工艺规范协助安装液压起货机	1. 液压锚机的特点 ● 简述锚设备的组成、分类、结构和液压系统工作原理 ● 列举液压锚机的安装与调试工具 ● 简述液压锚机的安装、注油、启动和调试步骤 2. 液压起货机的特点 ● 简述船舶起货机的种类和功能 ● 简述船舶起货机的安装要求 ● 简述液压起货机的结构特点 3. 液压舱口盖的特点 ● 简述液压舱口盖的结构形式和工作原理	30

（续表）

学习任务	技能与学习要求	知识与学习要求	参考学时
2. 甲板机械安装与调试	4. 定位安装液压舱口盖 ● 能按技术要求协助定位液压舱口盖 ● 能按工艺规范协助安装液压舱口盖 5. 安装与调试液压舵机 ● 能按工艺规范协助安装拨叉柱塞式转舵机构 ● 能按工艺规范协助调试拨叉柱塞式转舵机构	● 简述液压舱口盖装配、焊接、密封条的安装工艺 ● 简述液压舱口盖试验和检验要求 4. 液压舵机的特点 ● 简述舵机的功能、组成、特点和种类 ● 简述液压舵机系统的作用和要求 ● 简述液压舵机系统的调试步骤和元件的调节过程	
3. 船舶辅助锅炉安装与调试	1. 安装与检修船舶辅助锅炉 ● 能按工艺规范协助拆卸船舶辅助锅炉水位计 ● 能按工艺规范协助检修船舶辅助锅炉水位计 ● 能按工艺规范协助清洗船舶辅助锅炉水位计 2. 安装与调试船舶辅助锅炉 ● 能按安装工艺和调试规程协助完成定位安装 ● 能按安装工艺和调试规程协助完成运行调试	1. 船舶辅助锅炉的特点 ● 简述燃油锅炉和废气锅炉的功能、结构、工作过程 ● 简述燃油锅炉和废气锅炉的分类、性能参数 ● 简述燃油锅炉和废气锅炉的操作、管理内容	20
4. 油水净化装置安装与调试	1. 安装油水净化装置 ● 能按技术要求协助定位油水净化装置 ● 能协助完成油水分离器的安装 2. 调试油水净化装置 ● 能协助完成油水分离器的调试 3. 安装造水装置 ● 能按技术要求协助定位造水装置 ● 能协助完成造水装置的安装 4. 调试造水装置 ● 能协助完成造水装置的调试	1. 油水净化装置的特点 ● 简述油水分离器的功能和工作原理、试验条件和检查步骤 ● 简述各系统的工作过程和操作步骤 ● 简述油水净化装置常见故障和调试步骤 2. 造水装置的特点 ● 简述造水机的功能和工作原理 ● 简述造水机的工作系统 ● 简述造水机的操作规程	20

（续表）

学习任务	技能与学习要求	知识与学习要求	参考学时
5. 制冷和空调安装与调试	1. 安装与调试制冷装置系统 ● 能按技术要求协助定位活塞式制冷压缩机 ● 能安装活塞式制冷压缩机 ● 能按工艺规范调试制冷装置系统 2. 安装与调试船舶空调 ● 能安装船舶空调及其附件设备 ● 能调试船舶空调及其附件设备	1. 冷库的冷藏条件 ● 简述食品冷藏的方法和条件 ● 简述蒸汽压缩式制冷循环的基本原理和组成 ● 简述活塞式制冷压缩机的功能和结构特点 2. 制冷装置系统的特点 ● 列举制冷装置系统及其附件设备和自动控制元件 ● 简述制冷装置系统自动控制的内容 ● 简述制冷装置系统的安装与调试步骤 3. 船舶空调的特点 ● 简述船舶空调的分类和组成 ● 简述船舶空调的主要设备 ● 简述船舶空调的安装与调试步骤	20
6. 船舶轴系安装与校中	1. 确定轴系理论中心线 ● 能根据轴系理论中心线的基点位置准确安装与调整基准靶 ● 能使用拉线工装或照光仪器 ● 能合理布置与调整辅助靶 ● 能按找正轴系理论中心线进行检测 2. 轴系校中 ● 能根据现场条件设计制作简易的轴系校中工装 ● 能对轴系进行校中 3. 轴系安装与固定 ● 能使用风动砂轮、电动砂轮研磨垫片 ● 能选配合适的镗孔工装，现场镗削法兰紧配螺栓孔和底脚紧配螺栓孔	1. 轴系的组成和结构 ● 简述轴系的功能和组成 ● 说明中间轴的类型和基本结构 2. 轴系理论中心线的流程 ● 说明轴系理论中心线的作用 ● 说明确定轴系理论中心线前的准备工作步骤 ● 说明确定基准靶的要求 3. 轴系理论中心线的确定方法 ● 简述拉线法的工具和操作过程 ● 简述照光法的分类和操作过程 ● 简述激光法的原理和操作过程 4. 轴系校中方法 ● 简述轴系校中的分类和原理 ● 简述平轴法、负荷法校中轴系的工艺要求、工艺流程和注意事项 ● 简述轴承垫片的配置方法 5. 船舶轴系安装工艺 ● 简述船舶轴系安装的工艺内容 ● 简述船舶轴系安装的一般过程 6. 船舶轴系安装方法 ● 简述镗孔的技术要求、工艺、设备和注意事项 ● 简述艉轴管、艉轴、密封装置的安装方法	60
合计			180

五、 实施建议

（一）教材编写与选用建议

1. 应依据本课程标准编写教材或选用教材,从国家和市级教育行政部门发布的教材目录中选用教材,优先选用国家和市级规划教材。

2. 教材应充分体现育人功能,紧密结合教材内容、素材,有机融入课程思政要求,使课程思政内容与专业知识、技能有机统一。

3. 树立以学生为中心的教材观,在设计教材结构和组织教材内容时应遵循中职学生认知特点与学习规律。

4. 教材应充分体现任务引领、实践导向的课程设计思想,以实用为主,体现船舶辅机与轴系安装课程的专业性和系统性。

5. 以典型工作任务为载体,以岗位需要为原则,融入船舶机械装置安装与维修相关工作岗位对职业技能的要求,结合完成工作任务的需要和岗位操作规范,以职业能力为依据组织教材内容。

6. 教材应图文并茂,文字表述必须精炼、准确、科学,操作步骤清晰。创设或引入职业情境,吸收船舶航海产业文化和优秀企业文化,提高学生的学习兴趣,加深学生对船舶辅机与轴系安装的认识。

7. 教材应体现先进性、通用性、实用性,注重引入船舶行业发展的新技术、新工艺、新方法、新设备,使教材更贴近本专业的发展情况和实际需求。

（二）教学实施建议

1. 采用现代教学方法与手段进行理论与实践一体化教学,理论环节与实训环节同步安排,先由任课教师现场讲解,再让学生分组实训。

2. 教师把真实的工作任务或设备作为载体来设计教学过程,合理设计理论教学和实践教学等关键环节,使理论教学和实践教学有机融合。教师在教学中结合具体的工作任务或设备进行知识讲解,引导学生分析、讨论,进而获取知识和提高问题解决能力。

3. 根据课程中各模块的重要性、实践性、难易程度和性质优化教学内容,合理安排教学时间,以学生为主体,以教师为主导,突出学生的"学"和"做",边讲边练,学做交替,采用现场讲解、理论与实践周期交替互动等教学方法,使教、学、做紧密结合,强化学生职业技能培养。

4. 充分利用线上教学资源,促进学生自主学习。采用线上教学等先进教学手段,理论联系实际,融知识学习、技能训练和职业素质养成于一体,培养学生的船舶辅机操作、管理、维修技能,提高学生的职业技能和职业素养。

（三）教学评价建议

1. 改革考核手段和方法，加强对实践性教学环节的考核，注重学生自评、学生互评、教师评价相结合，注重过程性考核和结果性考核相结合。

2. 突出过程性评价与阶段(以工作任务模块为依据划分阶段)性评价，结合课堂提问、训练活动、阶段测验等进行综合评价。

3. 注重对学生分析问题和解决问题能力的考核，对在学习和应用方面有所创新的学生给予特别鼓励，综合评价学生的能力。

4. 本课程的总评成绩由平时考核成绩、阶段性考核成绩、终结性考核成绩组成。其中，平时考核成绩占 30%，阶段性考核成绩占 30%，终结性考核成绩占 40%。

（四）资源利用建议

1. 注重实验实训指导书、实验实训教材的开发和应用。

2. 充分发挥现代化信息技术的优势，利用企业的资源，开发多媒体课件，创设生动的生产学习环境，激发学生的学习兴趣，帮助学生理解和掌握知识，提高课堂教学时间的利用率。

3. 深化产教融合，引导企业参与学校专业规划、教材开发、教学设计、课程设置、实习实训，把企业需求融入人才培养环节。推行面向企业真实生产环境的任务式培养模式，以建立企业冠名班、大师工作室、劳模工作室、校内生产性实训基地等方式，满足学生实习实训的需求，同时为学生的就业创造机会。

4. 充分利用公共开放式实训中心资源，将理论教学与技能实训融为一体，满足学生综合职业能力培养的要求。

5. 充分发挥校企合作的优势，积极组织学生参观造船企业，提高学生对船舶行业中船舶辅机与轴系安装应用场景的认识。

管系基础课程标准

▍课程名称

管系基础

▍适用专业

中等职业学校船舶机械装置安装与维修专业

一、 课程性质

管系基础是中等职业学校船舶机械装置安装与维修专业船舶管装专业(技能)方向的一门专业技能课程,也是一门专业限定选修课程。其功能是使学生掌握管系放样工艺基本原理、管系基础知识及原理、船舶管系的组成和布置,并能识读和绘制管系相关图纸。本课程是学生后续学习其他专业课程的基础。

二、 设计思路

本课程遵循任务引领、理实一体、学以致用的原则,根据船舶机械装置安装与维修专业的工作任务与职业能力分析结果,以船舶管系工岗位需求为依据而设置。

课程内容紧紧围绕船舶管系工所需的职业能力培养的需要,选取了管系放样基础知识、管子尺寸标注、节点坐标、弯管参数、管道弯头、管系零件图和管系布置图、船舶管路系统、船舶管子材料和参数、常用管子附件、管系图纸和船舶管系生产设计等内容,遵循适度够用的原则,确定相关理论知识、专业技能与要求,并融入船舶管系工职业技能等级证书的相关考核要求。

课程内容组织遵循学生认知规律,以船舶管系放样及相关图纸识读为主线,设计了船舶管系识图、管系放样符号绘制、管子尺寸标注、管路节点坐标计算、弯管参数计算、管系放样、船用管子选用、船用管子参数计算、船舶管系常用附件选用、船舶管系布置图识读、船舶管系设计认知十一个学习任务,以任务为引领,整合相关知识、技能与职业素养。

本课程建议学时数为180学时。

三、 课程目标

通过本课程的学习,学生能掌握船舶管系的基础理论知识,掌握管系参数计算和管系放样等技能,达到船舶管系工(四级)职业技能等级证书的相关考核要求,具体达成以下职业素养和职业能力目标。

（一）职业素养目标

● 具有良好的道德品质,遵守职业规范。

● 具有学习新知识和新技术的能力。

● 具有通过不同途径获取信息的能力。

● 注重管系放样的流程和细节,自觉遵守管系放样的规程,养成严谨细致的工作习惯。

● 具有坚守管系放样工作岗位的耐心和毅力。

● 具有初步获取和处理工作领域内的信息并进行技术交流的能力。

● 具有良好的环境保护和质量控制意识。

● 具有强烈的安全意识和良好的安全操作习惯。

（二）职业能力目标

● 能按要求熟练完成管系放样符号绘制。

● 能按要求熟练完成管系基准面识别。

● 能按要求准确完成管子尺寸标注。

● 能按要求准确计算管路节点坐标。

● 能按要求准确计算弯管参数。

● 能按要求熟练绘制管系零件图。

● 能按要求准确识读管系安装图纸。

● 能按要求准确选用船用管子的材料和规格。

● 能按要求熟练计算船用管子参数。

● 能按要求熟练选用不同用途的船用管子。

● 能按要求熟练选用船舶管系常用附件。

● 能按要求熟练识读船体布置图、管系布置图。

● 能按要求熟练设计简单的单个管路系统。

四、 课程内容与要求

学习任务	技能与学习要求	知识与学习要求	参考学时
1. 船舶管系识图	1. 识读管系图 ● 能识读管系布置图 ● 能识读管系安装图 ● 能识读管子零件加工图 2. 识读管系表 ● 能识读管系明细表	1. 船舶管系放样工艺 ● 分析样棒弯管法操作步骤和优缺点 ● 列举船舶管系放样工艺的优点 ● 简述船舶管系放样基本原理、工作内容和具体步骤	6

（续表）

学习任务	技能与学习要求	知识与学习要求	参考学时
2. 管系放样符号绘制	1. 绘制管子弯头符号 ● 能绘制别弯符号 ● 能绘制直角弯符号 ● 能绘制两角尺弯符号 ● 能绘制角尺别弯符号 ● 能绘制定深弯符号 ● 能绘制角尺斜定深弯符号 2. 绘制支管符号 ● 能绘制垂直支管符号 ● 能绘制角尺支管符号 ● 能绘制别弯支管符号 3. 绘制管子连接件符号 ● 能绘制法兰连接件、螺纹连接件符号 ● 能绘制软管连接件、套管连接件符号 ● 能绘制通舱管件符号 4. 绘制管子附件符号 ● 能绘制常用阀件符号 ● 能绘制阀箱、旋塞符号	1. 管子弯头基本符号 ● 识读六种不同管子弯头图形和符号 ● 简述绘制管子弯头符号的注意事项 2. 支管符号 ● 识别垂直支管图形和符号 ● 识别平行支管图形和符号 ● 识别斜支管图形和符号 3. 管子连接件符号 ● 识别法兰连接件、螺纹连接件图形和符号 ● 识别软管连接件、套管连接件图形和符号 ● 识别通舱管件图形和符号 4. 管子附件符号 ● 识别常用阀件图形和符号 ● 识别阀箱、旋塞图形和符号	36
3. 管子尺寸标注	1. 识别管系基准面 ● 能根据管路空间位置选择高度基准面 ● 能根据管路空间位置选择横向基准面 ● 能根据管路空间位置选择纵向基准面 2. 标注管子加工尺寸 ● 能标注主管尺寸 ● 能标注支管尺寸 ● 能标注管子加工余量尺寸 ● 能标注法兰尺寸 3. 标注管子安装尺寸 ● 能标注管子零件图相关尺寸 ● 能标注管系安装图相关尺寸	1. 管系基准面 ● 分析高度基准面选用方法 ● 分析横向基准面选用方法 ● 分析纵向基准面选用方法 2. 管子加工尺寸 ● 简述主管和支管尺寸的标注方法 ● 简述管子加工余量尺寸的标注方法 ● 简述法兰尺寸的标注方法 3. 管子安装尺寸 ● 简述管子安装定位尺寸的标注方法	6

（续表）

学习任务	技能与学习要求	知识与学习要求	参考学时
4. 管路节点坐标计算	1. 计算管路节点坐标 ● 能求平面基准面的节点坐标 ● 能求曲面基准面的节点坐标 2. 坐标点转换 ● 能完成坐标点转换	1. 管路节点坐标 ● 简述管路节点的概念 ● 简述节点线路的概念 ● 分析曲形管节点数和管段数公式 2. 平面基准面节点坐标 ● 简述平面坐标系的内容 ● 简述平面基准面节点坐标的测定方法 3. 曲面基准面节点坐标 ● 简述曲面基准面节点坐标的表示方法 ● 列举曲面基准面节点坐标的求解步骤	6
5. 弯管参数计算	1. 计算弯管参数 ● 能计算切线长度 ● 能使用计算法计算弯管参数 ● 能计算直线段长 ● 能计算弧长 ● 能计算无余量总长 2. 编制弯管顺序 ● 能使用图解法计算弯管参数 ● 能使用计算法计算弯管参数 ● 能编制弯管顺序	1. 弯曲基本形式 ● 列举弯曲基本形式 ● 解释图解法和计算法的概念 ● 简述管路节点和节点线路的概念 2. 切线的计算方法 ● 简述切线长度的计算方法 3. 长度的计算方法 ● 简述总长的计算方法 ● 解释弧长公式和各部分的意义 4. 角的计算方法 ● 简述弯角的概念和计算方法 ● 简述各种形式转角的计算方法 5. 弯管顺序编制 ● 简述弯管顺序编制方法	12
6. 管系放样	1. 绘制管道弯头展开放样图 ● 能使用投影法绘制马蹄弯展开放样图 ● 能对虾壳弯展开放样 ● 能对三通管展开放样 ● 能对大小头展开放样 ● 能对天圆地方展开放样 2. 绘制管子零件图 ● 能手工绘制管子零件图 ● 能手工标注管子零件图相关尺寸	1. 管道弯头 ● 分析马蹄弯、虾壳弯的外形特征 ● 分析三通管、大小头的外形特征 2. 管道弯头展开放样相关知识 ● 简述马蹄弯、单节和两节虾壳弯的展开方式及步骤 ● 简述等径直角、异径直角和同径斜交三通管的展开方式及步骤 ● 简述同心大小头、偏心大小头、天圆地方的展开方式及步骤	24

（续表）

学习任务	技能与学习要求	知识与学习要求	参考学时
6. 管系放样	3. 识读管系安装图 ● 能识读管系安装图中管路的走向和布置 ● 能识读管系安装图中管子的件号 ● 能识读管系安装图中管路的定位尺寸	3. 管子零件图 ● 识读管子零件图栏目文字信息和数据信息 ● 识读管子零件图栏目图形信息 ● 简述管子零件图的用途 4. 管系安装形式 ● 简述分段预装(倒装)建造工艺 ● 简述单元组装建造工艺 ● 简述按系统建造工艺 5. 管系安装图 ● 识读管系分段预装(倒装)图 ● 识读管系单元制造图 ● 识读管系安装图	
7. 船用管子选用	1. 船舶管系和管路分类 ● 能根据用途对船舶管系进行分类 ● 能根据管路所输送的介质对其进行分类 2. 绘制管子生产流程图 ● 能根据管子生产过程绘制管子生产流程图 3. 选用船用管子 ● 能根据系统特点选用管子的材料 ● 能识读管子的规格尺寸 ● 能根据系统要求选用管子	1. 船舶管系 ● 简述船舶动力装置的组成 ● 简述船舶管系的定义和分类 ● 简述管系等级的划分标准 2. 船舶管路 ● 简述船舶管路的定义和分类 ● 简述管路布置和安装通则 3. 管子生产流程 ● 简述船舶管系工的工作内容 ● 简述管子生产流程 4. 船用管子材料 ● 说明钢管、有色金属管和非金属管的分类和特性 ● 简述船用管子规格的表示方法 ● 简述公称通径和壁厚的含义 5. 船用管子的选用原则 ● 简述船用管子的选用原则 ● 简述船用管子的质量检验内容	18
8. 船用管子参数计算	1. 计算船用管子参数 ● 能使用公式计算船用管子重量 ● 能使用公式计算船用管子流量 ● 能使用公式计算支管口径和数量 ● 能使用公式计算蒸汽加热盘管长度	1. 船用管子参数 ● 解释船用管子重量、流量公式及各部分的意义 ● 解释支管口径和数量公式及各部分的意义 ● 解释蒸汽加热盘管长度公式及各部分的意义	12

学习任务	技能与学习要求	知识与学习要求	参考学时
9. 船舶管系常用附件选用	1. 选用连接附件 ● 能查阅连接附件相关标准和资料 ● 能正确选用法兰连接 ● 能正确选用螺纹接头 ● 能正确选用夹布胶管和膨胀接头 ● 能正确选用通舱管件和座板 2. 选用阀件 ● 能根据外形正确选用阀件 ● 能标记不同阀件的规格 3. 选用滤器 ● 能根据用途正确选用海水滤器 ● 能根据用途正确选用油滤器 ● 能根据用途正确选用气体过滤器 4. 选用检测和测量附件 ● 能根据管路压力值正确选用压力表 ● 能根据要求正确选用温度计 ● 能根据要求正确选用液位计 5. 选用管路常用密封性材料 ● 能根据管路内介质的压力和温度正确选用不同的密封性材料 ● 能正确选用垫片	1. 法兰连接方式 ● 列举船用法兰连接方式 ● 说明船用法兰的标准标记方式 2. 螺纹连接相关知识 ● 说明螺纹连接分类 ● 简述法兰连接螺栓选用方法 ● 解释螺栓长度计算公式及各部分的意义 3. 其他连接方式 ● 简述法兰焊接连接方式 ● 简述夹布胶管连接优点 ● 简述膨胀接头、低压套接式管连接分类 4. 常用阀件 ● 说明常用阀件的作用和分类 ● 简述截止阀、止回阀、截止止回阀、闸阀、碟阀、阀箱、旋塞、减压阀、安全阀的材料、用途、形式和组成 ● 简述截止阀、止回阀、截止止回阀、闸阀、碟阀、阀箱、旋塞、减压阀、安全阀的结构、工作原理、适用范围 5. 滤器 ● 简述海水滤器的用途和结构 ● 简述油滤器的用途和结构 ● 简述气体过滤器的用途和结构 6. 检测和测量附件 ● 列举常用检测和测量附件 ● 简述弹簧式压力表、温度计、液位计的结构和工作原理 7. 管路常用密封性材料 ● 说明管路常用密封性材料和垫片的分类 ● 简述管路常用密封性材料的用途、组成和工作原理 ● 简述垫片材料和规格的选用原则	48

（续表）

学习任务	技能与学习要求	知识与学习要求	参考学时
10. 船舶管系布置图识读	1. 识读船舶管系布置图 ● 能识读船体总布置图 ● 能识读船舶机舱管系综合布置图 ● 能识读船舶甲板管路综合布置图 ● 能识读船舶系统管路综合布置图	1. 船舶管系布置图 ● 描述船体总布置图的组成和各视图所表达的内容 ● 描述船舶管系布置图（包括主机和辅机排气管系、燃油管系、消防水管系、舱底水管系）的组成	6
11. 船舶管系设计认知	1. 设计简单的单个管路系统 ● 能根据系统需求设计简单的单个管路系统 ● 能根据管路设计需求测量管路相关尺寸数据 ● 能根据要求绘制管子零件图	1. 船舶管系设计发展 ● 简述船舶管系设计发展阶段和特点 2. 管系布置原则 ● 简述船舶动力系统管路布置原则 ● 简述船舶系统（包括舱底水、压载水、灭火系统、蒸汽系统、日用水系统、消防系统等）管路布置原则 ● 简述通风管路设计布置原则	6
合计			180

五、 实施建议

（一）教材编写与选用建议

1. 应依据本课程标准编写教材或选用教材，从国家和市级教育行政部门发布的教材目录中选用教材，优先选用国家和市级规划教材。

2. 教材应充分体现育人功能，紧密结合教材内容、素材，有机融入课程思政要求，使课程思政内容与专业知识、技能有机统一。

3. 树立以学生为中心的教材观，在设计教材结构和组织教材内容时应遵循中职学生认知特点与学习规律。

4. 教材应充分体现任务引领、实践导向的课程设计思想，以实用为主，体现管系基础课程的基础性和操作性。

5. 以典型工作任务为载体，以岗位需要为原则，融入船舶机械装置安装与维修相关工作岗位对职业技能的要求，结合完成工作任务的需要和岗位操作规范，以职业能力为依据组织教材内容。

6. 教材应图文并茂,文字表述必须精炼、准确、科学,操作步骤清晰。创设或引入职业情境,吸收船舶航海产业文化和优秀企业文化,提高学生的学习兴趣,加深学生对管系基础的认识。

7. 教材应体现先进性、通用性、实用性,注重引入船舶行业发展的新技术、新工艺、新方法、新设备,使教材更贴近本专业的发展情况和实际需求。

(二)教学实施建议

1. 采用以行动为导向的教学模式,整合理论与实践,在教学过程中灵活采用多种教学方法。

2. 在教学前应根据学生学习情况划分平行小组,建议每小组 5 人,在小组内进行分层次教学,选拔优秀的学生担任组长,同时充当助教的角色。

3. 在项目教学法信息准备阶段,建议基于现实问题设计项目,使项目的目标、任务均与现实紧密联系。

4. 在计划阶段,主要由学生完成工作步骤综述、工作小组安排、权责分配、时间安排等任务。教师可以根据学生的学习情况为其分配不同复杂程度的学习任务,并根据学生的需要提供咨询服务。

5. 在教学过程中,教师必须对无法预料又细致的情境和问题做出反应并迅速思考有益的解决方案,发挥学生的主观能动性。

6. 教师应指导学习者完整地完成项目学习,并有机融入相关的知识、技能、职业道德、情感、态度。

(三)教学评价建议

1. 建议采用过程性评价与结果性评价相结合的方式评定学生的成绩。过程性评价关注课程学习情况、工作表现、图纸、工艺方案等。结果性评价关注说明书设计情况、答辩情况等。

2. 教师可以根据学生在各项目活动中的表现、任务完成情况对其进行评定。这种评定可以是描述性的,也可以采用程度、等级或数值的形式。

3. 在教学过程中,教师要根据学生参与情况、学习能力、考试成绩等做出客观评价。对于情感、态度与价值观等方面的指标,应由学生按指标要求自评,然后让学生以小组的形式开展互评,最后,教师根据学生自评与互评的结果,结合学生的考试成绩与作业完成情况,进行综合评定。

(四)资源利用建议

1. 注重实验实训指导书、实验实训教材的开发和应用。

2. 充分发挥现代化信息技术的优势,利用企业的资源,开发多媒体课件,创设生动的生产学习环境,激发学生的学习兴趣,帮助学生理解和掌握知识,提高课堂教学时间的利用率。

3. 深化产教融合,引导企业参与学校专业规划、教材开发、教学设计、课程设置、实习实训,把企业需求融入人才培养环节。推行面向企业真实生产环境的任务式培养模式,以建立企业冠名班、大师工作室、劳模工作室、校内生产性实训基地等方式,满足学生实习实训的需求,同时为学生的就业创造机会。

4. 充分利用公共开放式实训中心资源,将理论教学与技能实训融为一体,满足学生综合职业能力培养的要求。

5. 充分发挥校企合作的优势,积极组织学生参观造船企业,提高学生对船舶行业中管系基础应用场景的认识。

管系加工课程标准

▌课程名称

管系加工

▌适用专业

中等职业学校船舶机械装置安装与维修专业

一、 课程性质

管系加工是中等职业学校船舶机械装置安装与维修专业船舶管装专业(技能)方向的一门专业技能课程,也是一门专业限定选修课程。其功能是使学生掌握管系加工制作相关知识、管系加工制作技术、管子焊接基本原理等。本课程是管系基础的后续课程,也是学生后续学习其他专业课程的基础。

二、 设计思路

本课程遵循任务引领、理实一体、学以致用的原则,根据船舶机械装置安装与维修专业的工作任务与职业能力分析结果,以船舶管系加工相关工作任务与职业能力为依据而设置。

课程内容紧紧围绕船舶管装所需的职业能力培养的需要,选取了安全文明生产、管子加工工艺、划线、气割、样棒、船舶管系自制附件制作、手工电弧焊、CO_2 气体保护焊、固定管焊、固定管板对接焊等内容,遵循适度够用的原则,确定相关理论知识、专业技能与要求,并融入船舶管系工职业技能等级证书的相关考核要求。

课程内容组织遵循学生认知规律,以船舶管系加工制作为主线,设计了管子备料、管子下料、管子弯制、划线和校管、船舶管系自制附件制作、手工电弧焊实操、CO_2 气体保护焊实操、固定管焊实操、固定管板对接焊实操、焊缝打磨十个学习任务,以任务为引领,整合相关知识、技能与职业素养。

本课程建议学时数为 180 学时。

三、 课程目标

通过本课程的学习,学生能掌握船舶管系的基础理论知识,掌握管系加工中的气割和弯管、校管、管子焊接技能,达到船舶管系工(四级)职业技能等级证书的相关考核要求,具体达成以下职业素养和职业能力目标。

（一）职业素养目标

● 具有多思勤练的实训作风，严格按照相关规程进行训练。

● 具有坚守管系加工工作岗位的耐心和毅力，不怕累，不怕苦，不怕脏，养成吃苦耐劳的品德。

● 具有良好的沟通能力和团队协作精神。

● 具有客观科学、认真负责的职业态度。

（二）职业能力目标

● 能按管子加工托盘表准确备料。

● 能按要求熟练使用工具下料和标记。

● 能按要求熟练对管子进行划线。

● 能按要求熟练弯制不同管材。

● 能按要求熟练使用气割工具。

● 能按要求熟练校正管子。

● 能按要求熟练制作船舶管系自制附件。

● 能按要求熟练完成手工电弧焊平敷焊操作。

● 能按要求熟练完成 CO_2 气体保护焊操作。

● 能按要求熟练完成立焊单面焊双面成型焊接件。

● 能按要求熟练完成固定管焊。

● 能按要求熟练完成插入式管板水平固定焊。

● 能按要求熟练完成焊缝打磨。

四、 课程内容与要求

学习任务	技能与学习要求	知识与学习要求	参考学时
1. 管子备料	1. 备料前准备 ● 能选用并穿戴安全防护用品，做好个人防护 ● 能根据要求准备好气割下料相关工具 2. 实施备料 ● 能按管子加工托盘表备料 ● 能结合相关数据检测管子质量 ● 能按要求标识领用的管子	1. 安全文明生产规程 ● 简述船舶管系工安全文明生产的基本内容和要求 ● 简述船舶管系工安全防护用品穿戴规范和应用范围 ● 辨别安全警示标志、安全逃生路线和标志 2. 备料内容 ● 辨别管子加工托盘表内容 ● 简述管子质量的检查步骤 ● 简述管子领用后的标识方法	6

（续表）

学习任务	技能与学习要求	知识与学习要求	参考学时
2. 管子下料	1. 划出切割余量 ● 能根据图纸和下料方法划出切割余量 ● 能按要求进行划线后标记 2. 切割下料 ● 能根据设计图纸计算管子下料长度 ● 能根据管子的材质和管径等参数正确选用切割方法下料 3. 气割 ● 能按气割操作规程使用割炬 ● 能排除简单的手工气割故障 ● 能完成平切割 ● 能通过调整站位进行横切割 ● 能根据不同型材完成立切割	1. 划线要求 ● 简述划线的技术要求 ● 简述划线后的标记要求 2. 下料内容 ● 简述划线流程 ● 简述船用管子下料长度计算方法 ● 归纳管子切割常用工具的使用方法和适用范围 3. 气割基础知识 ● 简述气割安全文明生产要求 ● 列举氧乙炔工具及其主要设备的构造和用途 ● 简述割炬的拆装和保养要求 4. 气割原理 ● 简述氧乙炔切割原理和切割顺序要求 ● 简述气割下料工艺要求 ● 简述手工气割故障产生的原因和排除方法 5. 割锯的使用方法 ● 简述割炬使用前的检查方法 ● 简述割炬的点火、火焰调节、高压切割氧打开和关闭要领 6. 气割操作 ● 简述切割过程中切口常见的缺陷 ● 简述平切割、横切割和立切割的操作步骤	24
3. 管子弯制	1. 制作样棒 ● 能根据管子零件加工图绘制样棒弯制图 ● 能按要求进行样棒弯制 2. 弯制管子 ● 能正确调节塞芯弯管的前置量 ● 能使用测量工具测量管子的三个重要尺寸 ● 能根据管子规格和弯曲半径选取弯管模具	1. 样棒 ● 简述管系放样后样棒的作用和使用的材料 ● 简述嵌补管样棒的弯制步骤和要求 ● 简述根据管子零件加工图弯制样棒的步骤和要求 2. 管子的弯曲变形 ● 简述"先弯后焊"和"先焊后弯"工艺 ● 简述金属材料拉伸变形的特性 ● 简述管子弯曲的四种变形及其产生的原因	18

（续表）

学习任务	技能与学习要求	知识与学习要求	参考学时
3. 管子弯制	● 能根据材料和弯管质量标准进行弯管	3. 管子弯曲的原理 ● 说出管子弯曲的原理和要求 ● 归纳各种管子弯曲加工方法的适用场合 ● 说明管子弯曲的质量标准 4. 管子弯曲的操作 ● 简述钢管和铜管的弯曲加工方法 ● 简述不锈钢管、铜镍铁合金管的弯曲加工方法 ● 简述冷弯、热弯的优缺点和区别 5. 常用弯管机 ● 描述电动无芯弯管机、液压塞芯弯管机、数控弯管机、中频弯管机的结构和工作原理 6. 金属管子的手工热弯 ● 归纳钢管手工平台的热弯工艺流程 ● 归纳不同有色金属管的热弯工艺流程	
4. 划线和校管	1. 现场校管 ● 能根据零件加工图尺寸要求划出弯管余量 ● 能根据工艺要求进行现场校管 2. 靠模校管 ● 能根据工艺要求进行靠模法兰定位 ● 能根据工艺要求进行靠模校管 3. 使用校管机校管 ● 能根据工艺要求调试校管机 ● 能根据零件加工图形和尺寸要求使用校管机校管 4. 平台校管 ● 能根据工艺要求准备相关校管工具 ● 能使用法兰定规、水平尺、角度尺、重锤等工具在平台上进行法兰校管	1. 现场校管 ● 简述现场校管的定义 ● 概述现场校管的工艺流程 ● 简述现场校管的注意事项 2. 靠模校管 ● 简述靠模校管的定义 ● 概述靠模校管的工艺流程 ● 简述靠模校管的注意事项 3. 校管机校管 ● 识读校管机结构示意图并说出各部件的作用 ● 概述校管机校管的工艺流程 ● 简述校管机校管的注意事项 4. 平台校管 ● 简述平台校管、法兰螺孔转角的含义 ● 概述平台校管的工艺流程和施工步骤 ● 简述平台校管的注意事项	24

（续表）

学习任务	技能与学习要求	知识与学习要求	参考学时
5. 船舶管系自制附件制作	1. 选择通舱管件 ● 能根据管子参数正确选择法兰连接通舱管件 ● 能根据管子参数正确选择螺纹连接通舱管件 2. 制作座板 ● 能根据法兰参数制作法兰连接座板 ● 能根据法兰参数制作螺纹连接座板 3. 制作管子支架 ● 能根据相关参数制作夹马支架 ● 能根据相关参数制作 U 型支架 ● 能根据相关参数制作多联支架 4. 制作马鞍 ● 能制作同径直马鞍 ● 能气割斜马鞍 5. 制作虾壳管 ● 能计算斜截角、节距、直管下料长度等参数 ● 能按要求制作不同角度的虾壳管	1. 通舱管件 ● 说出通舱管件的用途和分类 ● 说出通舱管件的结构和材料 ● 概述通舱管件的制作工艺流程 2. 座板 ● 说出座板的用途和分类 ● 说出座板的结构和材料 ● 概述座板的制作工艺流程 3. 管子支架 ● 说出管子支架的用途和分类 ● 说出夹马支架、U 型支架、多联支架的结构和安装形式 ● 概述管子支架的制作工艺流程 4. 马鞍的分类和外形 ● 说出马鞍的分类和外形 5. 直马鞍制作 ● 简述同径直马鞍的划线方案和要求 ● 简述直马鞍的切割方法和四刀切割操作法要求 6. 斜马鞍制作 ● 简述斜马鞍的切割方法和四刀切割操作法要求 ● 简述同径和异径弧度的区别 7. 制作注意事项 ● 简述对马鞍的检查和修正方法 ● 简述操作时的安全防范 8. 虾壳管 ● 说出虾壳管的应用场所和外形 ● 简述虾壳管的制作工艺流程 ● 解释角度计算公式和各部分的意义	48
6. 手工电弧焊实操	1. 检查劳动保护和安全执行 ● 能根据焊接作业安全规定正确使用劳防用品 ● 能根据焊接作业安全规定检查场地设备及工具、夹具,确保安全执行	1. 焊接安全操作基础知识 ● 简述劳防用品及常见辅助工具使用方法 ● 简述焊接生产劳动保护和安全文明生产规范 ● 简述焊接场地设备及工具、夹具检查的内容和要求	24

（续表）

学习任务	技能与学习要求	知识与学习要求	参考学时
6. 手工电弧焊实操	2. 手工电弧焊平敷焊 ● 能连接焊接设备和调整参数 ● 能排除常见故障和分析原因 ● 能按要求进行引弧操作 ● 能按要求进行手工定位焊 ● 能按要求进行焊接运条操作 ● 能按要求进行接头操作 ● 能按要求进行焊接收弧操作	2. 焊接基础知识 ● 简述焊接的分类和应用 ● 列举常见焊接设备的名称和功能 ● 简述电焊条的分类、组成、功能、规格、型号和牌号 ● 简述常用焊接接头形式、坡口形式、焊接位置 3. 电弧焊 ● 简述电弧焊的定义、原理、特点和应用 ● 简述手工电弧焊设备的基本构造、接线方式和电流调整方法 4. 平敷焊 ● 简述平敷焊的基本概念和特点 ● 简述焊道起头、接头的方法 ● 说出平敷焊焊缝的外观形态特点 ● 说出焊缝咬边、夹渣产生的原因及其防范措施 5. 平敷焊的操作要领 ● 简述定位焊的操作要领和参数选择方法 ● 简述引弧的定义、作用和步骤 ● 描述划擦法和直击法的操作要领 ● 简述焊道起头、接头的方法 ● 简述运条的三个基本动作和六种基本方法 ● 简述划圈收尾法、反复断弧收尾法、回焊收尾法的操作要领	
7. CO_2 气体保护焊实操	1. CO_2 气体保护焊 ● 能连接焊接设备和调整参数 ● 能排除常见故障和分析原因 ● 能按要求进行引弧操作 ● 能按要求进行手工定位焊	1. CO_2 气体保护焊基础知识 ● 简述 CO_2 气体保护焊的定义、特点、工艺参数和适用范围 ● 简述常用 CO_2 气体保护焊设备的原理和结构 ● 简述 CO_2 气体保护焊的冶金特性和材料 2. CO_2 气体保护焊的操作要领 ● 简述 CO_2 气体保护焊的操作要领	12

学习任务	技能与学习要求	知识与学习要求	参考学时
7. CO_2 气体保护焊实操	● 能按要求进行焊接运条操作 ● 能按要求进行接头操作 ● 能按要求进行焊接收弧操作 2. 立焊单面焊双面成型焊接件 ● 能按要求进行打底焊操作 ● 能按要求进行填充焊操作 ● 能按要求进行盖面焊操作 ● 能按要求检测立焊单面焊双面成型的质量	● 简述接触短路法引弧要领 ● 简述左焊法和右焊法的操作要领 ● 简述 CO_2 气体保护焊焊接缺陷种类、原因、检查的内容和防范措施 3. 立焊操作要领 ● 简述立焊的定义、基本姿势、操作流程和注意事项 ● 简述立焊对角度、工艺参数的要求 ● 说出预热施焊法的操作要领 4. 立焊单面焊双面成型 ● 简述立焊单面焊双面成型的概念 ● 简述立焊单面焊双面成型的一般步骤和操作技巧 5. 立焊操作步骤 ● 简述打底焊的定义和操作步骤 ● 简述填充焊的定义和操作步骤 ● 简述盖面焊的定义和操作步骤	
8. 固定管焊实操	1. 焊接水平固定管 ● 能按要求实施固定管全位置焊接 ● 能按要求实施水平固定管定位焊 2. 焊接垂直固定管 ● 能根据操作要领进行垂直固定管焊接转腕运条 ● 能根据操作要领进行焊缝的起头、接头、收尾 3. 焊接管管对接 45°固定管 ● 能按要求准备相关管管对接材料和工具 ● 能按要求实施管管对接 45°固定管焊接	1. 水平固定管焊接方法 ● 简述水平固定管焊接工艺参数 ● 简述水平固定管全位置焊接要领 ● 简述水平固定管定位焊的方法和质量检测标准 2. 垂直固定管焊接方法 ● 简述垂直固定管焊接操作规范 ● 简述单面焊双面成型要领 ● 简述垂直固定管焊接的质量检测标准 3. 管管对接 45°固定管焊接方法 ● 简述管管对接 45°坡口准备要领 ● 简述管管对接 45°定位焊要领、注意事项和容易出现的缺陷 ● 简述管管对接 45°固定管焊接的质量检测标准	12

（续表）

学习任务	技能与学习要求	知识与学习要求	参考学时
9. 固定管板对接焊实操	1. 焊接水平固定管板 ● 能按要求实施插入式管板水平固定焊开坡口 ● 能按要求调整管板水平固定焊的焊接参数 ● 能按要求实施插入式管板水平固定焊装配	1. 管板对接焊 ● 简述管板类接头形式 ● 说出管板类焊接的五个位置 ● 说出水平固定全位置焊的焊接参数 2. 管板对接焊的操作要领 ● 简述管板对接焊打底焊、填充焊、盖面焊的操作要领 ● 简述管板对接焊固定焊的步骤 ● 简述管板对接焊的质量检测标准	6
10. 焊缝打磨	1. 焊缝打磨准备 ● 能按要求选用打磨工具 ● 能正确穿戴防护装备 2. 打磨焊缝 ● 能根据打磨质量标准进行焊缝打磨 ● 能对打磨后的焊缝进行抛光 ● 能分析焊缝打磨质量并提供解决方法	1. 打磨工具 ● 简述常用打磨工具及其用途 ● 简述打磨质量要求 ● 简述打磨步骤和质量检测标准	6
合计			180

五、 实施建议

（一）教材编写与选用建议

1. 应依据本课程标准编写教材或选用教材,从国家和市级教育行政部门发布的教材目录中选用教材,优先选用国家和市级规划教材。

2. 教材应充分体现育人功能,紧密结合教材内容、素材,有机融入课程思政要求,使课程思政内容与专业知识、技能有机统一。

3. 树立以学生为中心的教材观,在设计教材结构和组织教材内容时应遵循中职学生认知特点与学习规律。

4. 教材应充分体现任务引领、实践导向的课程设计思想,以实用为主,体现管系加工课程的基础性和操作性。

5. 以典型工作任务为载体,以岗位需要为原则,融入船舶机械装置安装与维修相关工作岗位对职业技能的要求,结合完成工作任务的需要和岗位操作规范,以职业能力为依据组织教材内容。

6. 教材应图文并茂,文字表述必须精炼、准确、科学,操作步骤清晰。创设或引入职业情境,吸收船舶航海产业文化和优秀企业文化,提高学生的学习兴趣,加深学生对管系加工的认识。

7. 教材应体现先进性、通用性、实用性,注重引入船舶行业发展的新技术、新工艺、新方法、新设备,使教材更贴近本专业的发展情况和实际需求。

(二)教学实施建议

1. 采用以行动为导向的教学模式,整合理论与实践,在教学过程中灵活采用多种教学方法。

2. 在教学前应根据学生学习情况划分平行小组,建议每小组 5 人,在小组内进行分层次教学,选拔优秀的学生担任组长,同时充当助教的角色。

3. 在项目教学法信息准备阶段,建议基于现实问题设计项目,使项目的目标、任务均与现实紧密联系。

4. 在计划阶段,主要由学生完成工作步骤综述、工作小组安排、权责分配、时间安排等任务。教师可以根据学生的学习情况为其分配不同复杂程度的学习任务,并根据学生的需要提供咨询服务。

5. 在教学过程中,教师必须对无法预料又细致的情境和问题做出反应并迅速思考有益的解决方案,发挥学生的主观能动性。

6. 教师应指导学习者完整地完成项目学习,并有机融入相关的知识、技能、职业道德、情感、态度。

(三)教学评价建议

1. 建议采用过程性评价与结果性评价相结合的方式评定学生的成绩。过程性评价关注课程学习情况、工作表现、图纸、工艺方案等。结果性评价关注说明书设计情况、答辩情况等。

2. 教师可以根据学生在各项目活动中的表现、任务完成情况对其进行评定。这种评定可以是描述性的,也可以采用程度、等级或数值的形式。

3. 在教学过程中,教师要根据学生参与情况、学习能力、考试成绩等做出客观评价。对于情感、态度与价值观等方面的指标,应由学生按指标要求自评,然后让学生以小组的形式开展互评,最后,教师根据学生自评与互评的结果,结合学生的考试成绩与作业完成情况,进行综合评定。

（四）资源利用建议

1. 注重实验实训指导书、实验实训教材的开发和应用。

2. 充分发挥现代化信息技术的优势，利用企业的资源，开发多媒体课件，创设生动的生产学习环境，激发学生的学习兴趣，帮助学生理解和掌握知识，提高课堂教学时间的利用率。

3. 深化产教融合，引导企业参与学校专业规划、教材开发、教学设计、课程设置、实习实训，把企业需求融入人才培养环节。推行面向企业真实生产环境的任务式培养模式，以建立企业冠名班、大师工作室、劳模工作室、校内生产性实训基地等方式，满足学生实习实训的需求，同时为学生的就业创造机会。

4. 充分利用公共开放式实训中心资源，将理论教学与技能实训融为一体，满足学生综合职业能力培养的要求。

5. 充分发挥校企合作的优势，积极组织学生参观造船企业，提高学生对船舶行业中管系加工应用场景的认识。

管系安装课程标准

▍课程名称

管系安装

▍适用专业

中等职业学校船舶机械装置安装与维修专业

一、 课程性质

管系安装是中等职业学校船舶机械装置安装与维修专业船舶管装专业(技能)方向的一门专业技能课程,也是一门专业限定选修课程。其功能是使学生掌握管系安装的应用技能。本课程是学生后续学习其他专业课程的基础。

二、 设计思路

本课程遵循任务引领、理实一体、学以致用的原则,根据船舶机械装置安装与维修专业的工作任务与职业能力分析结果,以船舶管系相关工作岗位需求为依据而设置。

课程内容紧紧围绕船舶管装所需的职业能力培养的需要,选取了船舶管系及附件的安装内容,遵循适度够用的原则,确定相关理论知识、专业技能与要求,并融入船舶管系工职业技能等级证书的相关考核要求。

课程内容组织遵循学生认知规律,以船舶管系及附件安装为主线,设计了管系安装准备、管系安装方法、连接附件安装、常用阀件安装、滤器安装、检查和测量附件安装、热交换器安装、管路常用密封材料安装、合拢管安装、特种管安装十个学习任务,以任务为引领,整合相关知识、技能与职业素养。

本课程建议学时数为 180 学时。

三、 课程目标

通过本课程的学习,学生能掌握船舶管系及附件安装的基础理论知识,掌握船舶管系及附件安装的技能,达到船舶管系工(四级)职业技能等级证书的相关考核要求,具体达成以下职业素养和职业能力目标。

(一) 职业素养目标

● 具有良好的道德品质,遵守职业规范。

- 具有学习船舶建造新知识、新技术、新工艺的能力。
- 具有严格遵守船舶管系安装操作规范的意识。
- 具有坚守管系安装相关工作岗位的耐心和毅力,不怕累,不怕苦,不怕脏,养成吃苦耐劳的品德。
- 具有强烈的安全意识和良好的安全操作习惯。

(二) 职业能力目标

- 能按要求熟练进行管系安装的准备。
- 能按要求熟练进行管系安装方法的选取。
- 能按要求熟练进行连接附件的安装。
- 能按要求熟练进行常用阀件的安装。
- 能按要求熟练进行滤器的安装。
- 能按要求熟练进行检查和测量附件的安装。
- 能按要求熟练进行热交换器的安装。
- 能按要求熟练进行管路常用密封材料的安装。
- 能按要求熟练进行合拢管的安装。
- 能按要求熟练进行特种管的安装。

四、 课程内容与要求

学习任务	技能与学习要求	知识与学习要求	参考学时
1. 管系安装准备	1. 确定管系安装对象 ● 能根据图纸确定管系安装对象 ● 能根据管系安装对象正确选用安装工具 2. 确定管系安装方式和步骤 ● 能根据系统要求和图纸,确定管系安装方式 ● 能根据安装要求,正确选用垫片、螺母、螺栓 ● 能根据系统要求和图纸,确定管系安装步骤	1. 管系安装对象与工具 ● 简述船舶管系安装对象 ● 列举船舶管系安装工具 ● 说出船体结构的开孔方式、步骤和工艺要求 2. 管系安装方式 ● 简述船舶管系安装方式和步骤 ● 简述船舶管系在船体特殊部位的处理方式 ● 简述单个管系安装方式 3. 管系安装步骤 ● 简述不同管系安装步骤的不同点和相同点 ● 简述管系安装的一般步骤	6

（续表）

学习任务	技能与学习要求	知识与学习要求	参考学时
2. 管系安装方法	1. 单元组装 ● 能根据单元预装图准备组装场地和设施设备 ● 能根据单元预装图进行单元组装 2. 分段预装 ● 能根据分段预装工艺处理规范确定分段预装步骤 ● 能根据合适的船体分段建造方法进行分段预装	1. 单元组装方法和要求 ● 简述单元组装的方法和形式 ● 简述单元组装的条件和要求 ● 简述单元组装的步骤 2. 分段预装工艺 ● 简述分段预装的意义、形式、方法和步骤 ● 简述分段预装的工艺处理规范 3. 分段预装步骤 ● 简述分段正转和反转舾装的步骤 ● 简述总组正转和反转舾装的步骤 ● 简述露天装、船内装、复合舾装的安装步骤	6
3. 连接附件安装	1. 法兰连接 ● 能熟练掌握法兰标准的标记和安装形式 ● 能熟练进行法兰连接 2. 螺纹连接 ● 能熟练掌握管子螺纹接头的使用注意事项 ● 能熟练进行螺纹连接 3. 夹布胶管连接 ● 能熟练掌握夹布胶管连接的优缺点和适用范围 ● 能熟练进行夹布胶管连接 4. 焊接连接 ● 能熟练掌握焊接连接的三种形式及其注意事项 ● 能熟练进行焊接连接 5. 膨胀接头 ● 能熟练掌握膨胀接头的使用注意事项 ● 能熟练进行连接附件的安装	1. 连接附件安装注意事项 ● 简述法兰安装的注意事项 ● 简述管子螺纹接头安装的注意事项 ● 简述卡套接头安装的注意事项 ● 简述夹布胶管连接安装的注意事项 ● 简述焊接连接安装的注意事项 ● 简述膨胀接头安装的注意事项	48

(续表)

学习任务	技能与学习要求	知识与学习要求	参考学时
4. 常用阀件安装	1. 截止阀的安装 ● 能正确选用截止阀安装工具 ● 能正确安装截止阀 2. 止回阀的安装 ● 能正确选用止回阀安装工具 ● 能正确安装止回阀 3. 截止止回阀的安装 ● 能正确选用截止止回阀安装工具 ● 能正确安装截止止回阀 4. 闸阀的安装 ● 能正确选用闸阀安装工具 ● 能正确安装闸阀 5. 碟阀的安装 ● 能正确选用碟阀安装工具 ● 能正确安装碟阀 6. 阀箱的安装 ● 能正确选用阀箱安装工具 ● 能正确安装阀箱 7. 旋塞的安装 ● 能正确选用旋塞安装工具 ● 能正确安装旋塞 8. 减压阀的安装 ● 能正确选用减压阀安装工具 ● 能正确安装减压阀 9. 安全阀的安装 ● 能正确选用安全阀安装工具 ● 能正确安装安全阀	1. 常用阀件安装注意事项 ● 简述截止阀的安装注意事项 ● 简述止回阀的安装注意事项 ● 简述截止止回阀的安装注意事项 ● 简述闸阀的安装注意事项 ● 简述碟阀的安装注意事项 ● 简述阀箱的安装注意事项 ● 简述旋塞的安装注意事项 ● 简述减压阀的安装注意事项 ● 简述安全阀的安装注意事项	48
5. 滤器安装	1. 海水滤器的安装 ● 能根据安装要求准备海水滤器安装的相关工具 ● 能按要求进行海水滤器的安装 2. 油滤器的安装 ● 能根据安装要求准备油滤器安装的相关工具 ● 能按要求进行油滤器的安装 3. 气体滤器的安装 ● 能根据安装要求准备气体滤器安装的相关工具 ● 能按要求进行气体滤器的安装	1. 滤器安装要求 ● 简述海水滤器的安装注意事项 ● 简述油滤器的安装注意事项 ● 简述气体滤器的安装注意事项	12

学习任务	技能与学习要求	知识与学习要求	参考学时
6. 检查和测量附件安装	1. 压力表的安装 ● 能根据规范正确选用压力表 ● 能熟练进行压力表的安装 2. 温度计的安装 ● 能根据规范正确选用温度计 ● 能熟练进行温度计的安装 3. 液位计的安装 ● 能根据规范正确选用液位计 ● 能熟练进行液位计的安装	1. 常用检查和测量附件安装注意事项 ● 简述压力表的安装注意事项 ● 简述温度计的安装注意事项 ● 简述液位计的安装注意事项	12
7. 热交换器安装	1. 盘管式热交换器的安装 ● 能正确选用盘管式热交换器安装工具 ● 能进行盘管式热交换器的安装 2. 套管式热交换器的安装 ● 能正确选用套管式热交换器安装工具 ● 能进行套管式热交换器的安装 3. 管壳式热交换器的安装 ● 能正确选用管壳式热交换器安装工具 ● 能进行管壳式热交换器的安装	1. 常用热交换器的安装注意事项 ● 简述盘管式热交换器的安装注意事项 ● 简述套管式热交换器的安装注意事项 ● 简述管壳式热交换器的安装注意事项	12
8. 管路常用密封材料安装	1. 安装管路常用密封材料 ● 能根据规范正确选用密封材料 ● 能按要求进行管路常用密封材料的安装	1. 管路常用密封材料安装要求 ● 简述垫片的安装注意事项 ● 简述封带的安装注意事项 ● 简述红粉厚白漆混合填料的制作工艺和安装方法	12
9. 合拢管安装	1. 安装合拢管 ● 能根据规范要求准备合拢管安装相关工具 ● 能按要求进行合拢管安装	1. 合拢管安装相关知识 ● 简述合拢管的定义和安装工具 ● 简述主排气管合拢管、铜合金管合拢管现场校管过程 ● 简述合拢管的安装注意事项	12
10. 特种管安装	1. 不锈钢管的安装 ● 能熟练进行不锈钢管的安装 ● 能熟练进行铜镍铁合金管、铝黄铜管的安装 ● 能熟练进行玻璃钢管的安装	1. 特种管安装相关知识 ● 简述不锈钢管的安装注意事项 ● 简述铜镍铁合金管、铝黄铜管的安装注意事项 ● 简述玻璃钢管的安装注意事项	12
合计			180

五、 实施建议

(一) 教材编写与选用建议

1. 应依据本课程标准编写教材或选用教材,从国家和市级教育行政部门发布的教材目录中选用教材,优先选用国家和市级规划教材。

2. 教材应充分体现育人功能,紧密结合教材内容、素材,有机融入课程思政要求,使课程思政内容与专业知识、技能有机统一。

3. 树立以学生为中心的教材观,在设计教材结构和组织教材内容时应遵循中职学生认知特点与学习规律。

4. 教材应充分体现任务引领、实践导向的课程设计思想,以实用为主,体现管系安装课程的基础性和操作性。

5. 以典型工作任务为载体,以岗位需要为原则,融入船舶机械装置安装与维修相关工作岗位对职业技能的要求,结合完成工作任务的需要和岗位操作规范,以职业能力为依据组织教材内容。

6. 教材应图文并茂,文字表述必须精炼、准确、科学,操作步骤清晰。创设或引入职业情境,吸收船舶航海产业文化和优秀企业文化,提高学生的学习兴趣,加深学生对管系安装的认识。

7. 教材应体现先进性、通用性、实用性,注重引入船舶行业发展的新技术、新工艺、新方法、新设备,使教材更贴近本专业的发展情况和实际需求。

(二) 教学实施建议

1. 采用以行动为导向的教学模式,整合理论与实践,在教学过程中灵活采用多种教学方法。

2. 在教学前应根据学生学习情况划分平行小组,建议每小组 5 人,在小组内进行分层次教学,选拔优秀的学生担任组长,同时充当助教的角色。

3. 在项目教学法信息准备阶段,建议基于现实问题设计项目,使项目的目标、任务均与现实紧密联系。

4. 在计划阶段,主要由学生完成工作步骤综述、工作小组安排、权责分配、时间安排等任务。教师可以根据学生的学习情况为其分配不同复杂程度的学习任务,并根据学生的需要提供咨询服务。

5. 在教学过程中,教师必须对无法预料又细致的情境和问题做出反应并迅速思考有益的解决方案,发挥学生的主观能动性。

6. 教师应指导学习者完整地完成项目学习,并有机融入相关的知识、技能、职业道德、情感、态度。

（三）教学评价建议

1. 建议采用过程性评价与结果性评价相结合的方式评定学生的成绩。过程性评价关注课程学习情况、工作表现、图纸、工艺方案等。结果性评价关注说明书设计情况、答辩情况等。

2. 教师可以根据学生在各项目活动中的表现、任务完成情况对其进行评定。这种评定可以是描述性的，也可以采用程度、等级或数值的形式。

3. 在教学过程中，教师要根据学生参与情况、学习能力、考试成绩等做出客观评价。对于情感、态度与价值观等方面的指标，应由学生按指标要求自评，然后让学生以小组的形式开展互评，最后，教师根据学生自评与互评的结果，结合学生的考试成绩与作业完成情况，进行综合评定。

（四）资源利用建议

1. 注重实验实训指导书、实验实训教材的开发和应用。

2. 充分发挥现代化信息技术的优势，利用企业的资源，开发多媒体课件，创设生动的生产学习环境，激发学生的学习兴趣，帮助学生理解和掌握知识，提高课堂教学时间的利用率。

3. 深化产教融合，引导企业参与学校专业规划、教材开发、教学设计、课程设置、实习实训，把企业需求融入人才培养环节。推行面向企业真实生产环境的任务式培养模式，以建立企业冠名班、大师工作室、劳模工作室、校内生产性实训基地等方式，满足学生实习实训的需求，同时为学生的就业创造机会。

4. 充分利用公共开放式实训中心资源，将理论教学与技能实训融为一体，满足学生综合职业能力培养的要求。

5. 充分发挥校企合作的优势，积极组织学生参观造船企业，提高学生对船舶行业中管系安装应用场景的认识。

管系调试课程标准

课程名称

管系调试

适用专业

中等职业学校船舶机械装置安装与维修专业

一、 课程性质

管系调试是中等职业学校船舶机械装置安装与维修专业船舶管装专业(技能)方向的一门专业技能课程,也是一门专业限定选修课程。其功能是使学生掌握管系调试的应用技能。本课程是学生后续学习其他专业课程的基础。

二、 设计思路

本课程遵循任务引领、理实一体、学以致用的原则,根据船舶机械装置安装与维修专业的工作任务与职业能力分析结果,以船舶管系相关工作岗位需求为依据而设置。

课程内容紧紧围绕船舶管装所需的职业能力培养的需要,选取了船舶管系调试的相关内容,遵循适度够用的原则,确定相关理论知识、专业技能与要求,并融入船舶管系工职业技能等级证书的相关考核要求。

课程内容组织遵循学生认知规律,以船舶管系调试为主线,设计了管子的强度试验、管子的化学清洗、管子的表面处理、管路的绝缘和油漆、管路完整性检查和密封性试验、船舶的运行试验六个学习任务,以任务为引领,整合相关知识、技能与职业素养。

本课程建议学时数为 180 学时。

三、 课程目标

通过本课程的学习,学生能掌握船舶管系调试的基础理论知识,掌握船舶管系调试相关技能,达到船舶管系工(四级)职业技能等级证书的相关考核要求,具体达成以下职业素养和职业能力目标。

(一) 职业素养目标

● 具有良好的道德品质,遵守职业规范。

- 具有学习船舶建造新知识、新技术、新工艺的能力。
- 具有严格遵守船舶管系调试操作规范的意识。
- 具有坚守船舶管系调试相关工作岗位的耐心和毅力，不怕累，不怕苦，不怕脏，养成吃苦耐劳的品德。
- 具有强烈的安全意识和良好的安全操作习惯。

（二）职业能力目标

- 能按要求熟练查阅管子检测国家标准。
- 能按要求熟练进行管子水压试验。
- 能按要求熟练进行管子气压试验。
- 能按要求熟练进行管子的表面处理。
- 能按要求熟练开展管路的绝缘和油漆工作。
- 能按要求熟练进行管路完整性检查和密封性试验。
- 能按要求熟练配合进行系泊试验和航行试验。

四、课程内容与要求

学习任务	技能与学习要求	知识与学习要求	参考学时
1. 管子的强度试验	1. 准备管子液压试验 ● 能按要求清除管子毛刺和焊渣 ● 能按要求进行管子内外缺陷及不紧密处试验 2. 管子水压试验 ● 能按要求选取试验压力 ● 能按要求完成管子的拼装 ● 能根据试验技术规程进行水压试验 3. 管子气压试验 ● 能按要求选取试验压力 ● 能按要求完成管子的拼装 ● 能根据试验技术规程进行气压试验 4. 管子强度试验结果反馈 ● 能根据不同的试验结果完成试验后操作 ● 能按要求在试验结束后完成管子的拆除	1. 强度试验前准备 ● 简述强度试验前需要准备的试验设备和用品 2. 水压试验 ● 简述水压试验的目的 ● 简述水压试验资料及交验方式准备内容 ● 简述水压试验的方法和步骤 3. 气压试验 ● 简述气压试验的目的、方法和步骤 ● 简述气压试验技术规程 4. 强度试验结果 ● 简述强度试验结果的修正方法	24

（续表）

学习任务	技能与学习要求	知识与学习要求	参考学时
2. 管子的化学清洗	1. 查阅管子化学清洗的标准 ● 能查阅管子清洗的相关国家标准 ● 能根据船舶不同区域，选择不同的管子表面处理方法 2. 管子化学清洗基本方法和步骤选择 ● 能根据不同管材，选择合适的化学清洗方法和步骤 ● 能根据规范进行管子化学清洗 3. 管子化学清洗后的检验和保养 ● 能根据相关规定完成管子化学清洗检验 ● 能根据要求对检验合格后的管件进行保养	1. 管子表面处理的国家标准 ● 查阅管子表面处理的相关国家标准 ● 简述管子表面处理技术在船舶不同区域的要求 2. 管子化学清洗的目的 ● 简述管子表面处理技术在船舶不同区域的要求 3. 管子化学清洗的步骤 ● 简述化学清洗的准备工作 ● 简述化学除油的工作步骤 ● 简述酸洗、水洗、吹干的工作步骤 ● 简述检验和保养的相关要求与步骤	24
3. 管子的表面处理	1. 选择管子表面处理方法 ● 能查阅管子表面处理的相关标准 ● 能根据要求选择合适的管子表面处理方法 2. 管子镀锌 ● 能根据要求完成管子镀锌 ● 能根据标准检测管子镀锌质量 3. 管子磷化 ● 能根据要求完成管子磷化 ● 能为磷化后的管子喷涂防锈油和封堵管子两端 4. 管子镀塑 ● 能根据要求完成管子镀塑 ● 能在管子上标识管件信息	1. 管子表面处理方法 ● 简述管子表面处理的目的 ● 简述管子表面处理方法的种类 2. 镀锌相关知识 ● 简述管子镀锌的目的、原理和方法 ● 简述管子镀锌的适用范围和质量标准 3. 磷化相关知识 ● 简述管子磷化的目的、原理和方法 ● 简述管子磷化后的处理方法 4. 镀塑相关知识 ● 简述管子镀塑的工艺流程 ● 简述管子镀塑工艺的优点 ● 简述管子镀塑的注意事项	24
4. 管路的绝缘和油漆	1. 绝缘管路 ● 能根据船舶管路绝缘包扎工艺规范要求进行管路绝缘包扎 2. 油漆标识管路 ● 能根据管路油漆颜色正确识别管路系统	1. 管路绝缘相关知识 ● 简述管路绝缘的作用 ● 简述管路绝缘的工艺要求 2. 管路油漆 ● 简述管路油漆的作用和工艺要求 ● 列举管路油漆颜色的规定 ● 解释管路的识别符号	24

（续表）

学习任务	技能与学习要求	知识与学习要求	参考学时
5. 管路完整性检查和密封性试验	1. 识读管路系统施工图 ● 能根据要求识读管路系统施工图 2. 管路完整性检查 ● 能根据管路系统施工图检查各部件和附件是否完整安装 ● 能根据工艺要求进行完整性检查 ● 能根据完整性检查结果进行报验或修正 3. 管路密封性试验 ● 能根据工艺要求选择合适的密封性试验介质 ● 能根据工艺要求进行液压密封性试验 ● 能根据工艺要求进行气压密封性试验 ● 能根据工艺要求进行制冷剂管路密封性试验 ● 能根据密封性试验结果进行报验或修正	1. 完整性检查相关知识 ● 简述完整性检查的作用 ● 简述完整性检查的要求 ● 简述完整性检查的步骤 2. 密封性试验相关知识 ● 简述密封性试验的作用和目的 ● 简述密封性试验的准备工作、试验方法和试验步骤 ● 简述水密、气密、油密和灌水试验步骤	36
6. 船舶的运行试验	1. 系泊试验 ● 能根据不同系统需求进行系泊试验前的准备 ● 能根据试验大纲配合进行船舶系统试验 ● 能根据试验大纲配合进行船舶系统方面的系泊试验 ● 能根据试验大纲配合进行动力系统方面的系泊试验 2. 航行试验 ● 能根据试验大纲完成航行试验前准备 ● 能根据试验大纲配合进行航行试验	1. 系泊试验的目的和内容 ● 简述船舶系泊试验的目的 ● 简述轮机和管系系泊试验的内容 2. 系泊试验的步骤 ● 简述舱底水、压载水系统试验步骤 ● 简述消防系统、舱室蒸汽取暖系统试验步骤 3. 航行试验的步骤 ● 简述船舶航行试验的目的 ● 简述轮机和管系航行试验的内容	48
合计			180

五、 实施建议

（一）教材编写与选用建议

1. 应依据本课程标准编写教材或选用教材，从国家和市级教育行政部门发布的教材目录中选用教材，优先选用国家和市级规划教材。

2. 教材应充分体现育人功能，紧密结合教材内容、素材，有机融入课程思政要求，使课程思政内容与专业知识、技能有机统一。

3. 树立以学生为中心的教材观，在设计教材结构和组织教材内容时应遵循中职学生认知特点与学习规律。

4. 教材应充分体现任务引领、实践导向的课程设计思想，以实用为主，体现管系调试课程的基础性和操作性。

5. 以典型工作任务为载体，以岗位需要为原则，融入船舶机械装置安装与维修相关工作岗位对职业技能的要求，结合完成工作任务的需要和岗位操作规范，以职业能力为依据组织教材内容。

6. 教材应图文并茂，文字表述必须精炼、准确、科学，操作步骤清晰。创设或引入职业情境，吸收船舶航海产业文化和优秀企业文化，提高学生的学习兴趣，加深学生对管系调试的认识。

7. 教材应体现先进性、通用性、实用性，注重引入船舶行业发展的新技术、新工艺、新方法、新设备，使教材更贴近本专业的发展情况和实际需求。

（二）教学实施建议

1. 采用以行动为导向的教学模式，整合理论与实践，在教学过程中灵活采用多种教学方法。

2. 在教学前应根据学生学习情况划分平行小组，建议每小组 5 人，在小组内进行分层次教学，选拔优秀的学生担任组长，同时充当助教的角色。

3. 在项目教学法信息准备阶段，建议基于现实问题设计项目，使项目的目标、任务均与现实紧密联系。

4. 在计划阶段，主要由学生完成工作步骤综述、工作小组安排、权责分配、时间安排等任务。教师可以根据学生的学习情况为其分配不同复杂程度的学习任务，并根据学生的需要提供咨询服务。

5. 在教学过程中，教师必须对无法预料又细致的情境和问题做出反应并迅速思考有益的解决方案，发挥学生的主观能动性。

6. 教师应指导学习者完整地完成项目学习，并有机融入相关的知识、技能、职业道德、情感、态度。

（三）教学评价建议

1. 建议采用过程性评价与结果性评价相结合的方式评定学生的成绩。过程性评价关注课程学习情况、工作表现、图纸、工艺方案等。结果性评价关注说明书设计情况、答辩情况等。

2. 教师可以根据学生在各项目活动中的表现、任务完成情况对其进行评定。这种评定可以是描述性的，也可以采用程度、等级或数值的形式。

3. 在教学过程中，教师要根据学生参与情况、学习能力、考试成绩等做出客观评价。对于情感、态度与价值观等方面的指标，应由学生按指标要求自评，然后让学生以小组的形式开展互评，最后，教师根据学生自评与互评的结果，结合学生的考试成绩与作业完成情况，进行综合评定。

（四）资源利用建议

1. 注重实验实训指导书、实验实训教材的开发和应用。

2. 充分发挥现代化信息技术的优势，利用企业的资源，开发多媒体课件，创设生动的生产学习环境，激发学生的学习兴趣，帮助学生理解和掌握知识，提高课堂教学时间的利用率。

3. 深化产教融合，引导企业参与学校专业规划、教材开发、教学设计、课程设置、实习实训，把企业需求融入人才培养环节。推行面向企业真实生产环境的任务式培养模式，以建立企业冠名班、大师工作室、劳模工作室、校内生产性实训基地等方式，满足学生实习实训的需求，同时为学生的就业创造机会。

4. 充分利用公共开放式实训中心资源，将理论教学与技能实训融为一体，满足学生综合职业能力培养的要求。

5. 充分发挥校企合作的优势，积极组织学生参观造船企业，提高学生对船舶行业中管系调试应用场景的认识。

上海市中等职业学校专业教学标准开发

总项目主持人　谭移民

上海市中等职业学校
船舶机械装置安装与维修专业教学标准开发
项目组成员名单

项目组长	王咏亮	江南造船集团职业技术学校
项目副组长	薛智伟	江南造船集团职业技术学校
项目组成员	（按姓氏笔画排序）	
	史丽花	沪东中华造船高级技工学校
	刘庆国	江南造船集团职业技术学校
	杨菊宝	沪东中华造船高级技工学校
	张旭斌	沪东中华造船高级技工学校
	钟敦侯	江南造船集团职业技术学校
	赵　磊	江南造船集团职业技术学校
	储晓皎	江南造船集团职业技术学校

上海市中等职业学校
船舶机械装置安装与维修专业教学标准开发
项目组成员任务分工表

姓　名	所　在　单　位	承　担　任　务
王咏亮	江南造船集团职业技术学校	船舶机械装置安装与维修专业教学标准研究和推进
薛智伟	江南造船集团职业技术学校	专业教学标准研究、撰写、文本审核与统稿
钟敦侯	江南造船集团职业技术学校	教学标准研究、统稿 承担管系基础课程标准研究与撰写 承担管子放样课程标准研究与撰写 承担管子制作课程标准研究与撰写
刘庆国	江南造船集团职业技术学校	承担管子安装课程标准研究与撰写 承担管子检验课程标准研究与撰写 承担船舶概论课程标准研究与撰写
储晓皎	江南造船集团职业技术学校	承担船舶管路系统安装与调试课程标准研究与撰写 承担管子焊接课程标准研究与撰写 承担典型组件装配课程标准研究与撰写
赵　磊	江南造船集团职业技术学校	承担船舶辅机与轴系安装课程标准研究与撰写 承担柴油机装配与维修课程标准研究与撰写
史丽花	沪东中华造船高级技工学校	承担机械制图课程标准研究与撰写 承担计算机绘图课程标准研究与撰写 承担力学基础课程标准研究与撰写
张旭斌	沪东中华造船高级技工学校	承担造船材料课程标准研究与撰写 承担零件加工课程标准研究与撰写
杨菊宝	沪东中华造船高级技工学校	教学标准研究、文本校对

图书在版编目（CIP）数据

上海市中等职业学校船舶机械装置安装与维修专业教学标准 / 上海市教师教育学院（上海市教育委员会教学研究室）编. — 上海：上海教育出版社，2024.11.

ISBN 978-7-5720-2692-8

Ⅰ. U664-41

中国国家版本馆CIP数据核字第2024R4R449号

责任编辑　杜金丹

封面设计　王　捷

上海市中等职业学校船舶机械装置安装与维修专业教学标准
上海市教师教育学院（上海市教育委员会教学研究室）　编

出版发行　上海教育出版社有限公司
官　　网　www.seph.com.cn
地　　址　上海市闵行区号景路159弄C座
邮　　编　201101
印　　刷　上海叶大印务发展有限公司
开　　本　787×1092　1/16　印张 8.5
字　　数　165 千字
版　　次　2025年2月第1版
印　　次　2025年2月第1次印刷
书　　号　ISBN 978-7-5720-2692-8/G·2375
定　　价　42.00 元

如发现质量问题，读者可向本社调换　电话：021-64373213